シルクロードとローマ帝国の興亡

井上文則

文春新書

1326

はしがき

紀元二世紀初め、ローマ帝国は繁栄の絶頂にあった。その領土は最大に達し、東は一時的にユーフラテス川を越え、西は大西洋に臨み、南はサハラ砂漠に接し、北はブリテン島北部にまで及んだのである。ここには、現在の国名でいえば、イギリス、フランス、イタリア、ルーマニア、ギリシア、トルコ、イスラエル、イラク、エジプト、リビア、モロッコなど三〇か国ほどが含まれる。

このアジア、アフリカ、ヨーロッパの三大陸にまたがる広大な領土には、都市文明の世界が広がっていた。文明の核となった都市には、闘技場や公共浴場、図書館、神殿などの施設があり、上下水道も整備されていた。ローマ時代の都市は、二〇世紀を代表する古代史家ミハイル・ロストフツェフによれば、「快適さ、美しさ、衛生に関しては、……多くの近代のヨーロッパやアメリカの町におとるものではなかった（坂口明訳）」のである。また、これらの都市は整備された街道で結ばれ、貨幣経済も浸透し、人々はいながらにして帝国内外の諸種の物産を享受しえた。

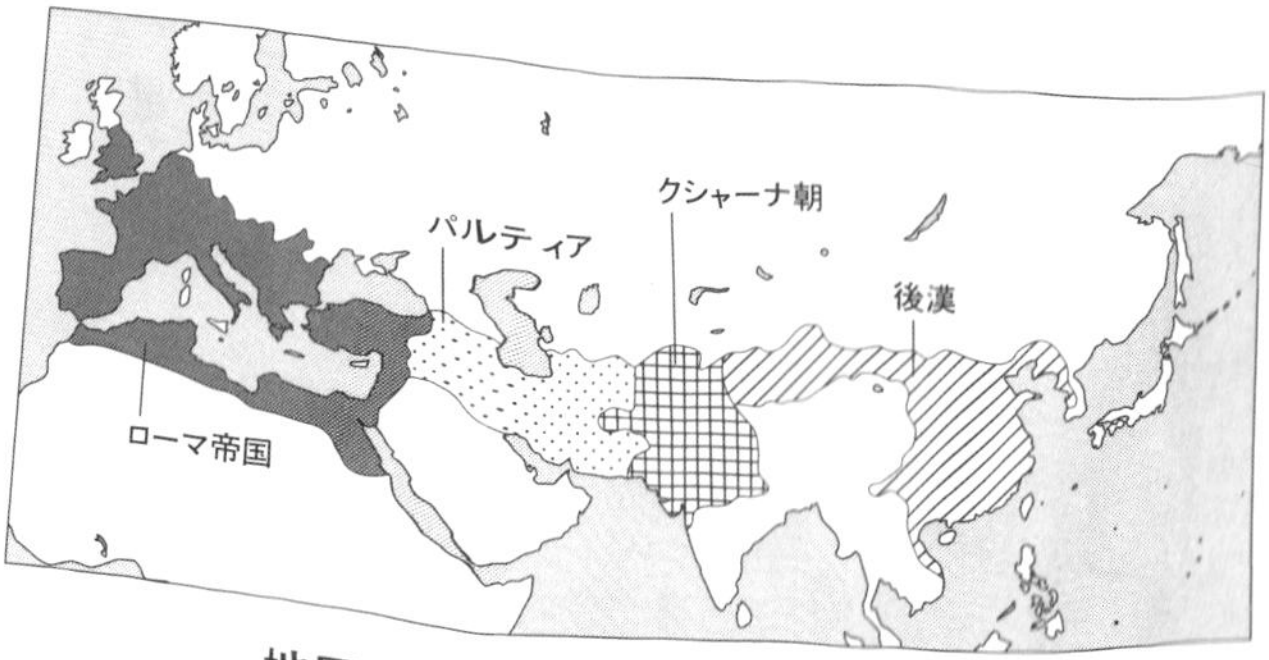

地図１　２世紀前半のユーラシア世界

一八世紀のイギリスの歴史家エドワード・ギボンは、二世紀の五賢帝時代（九六〜一八〇年）のローマ帝国を「人類が史上、最も幸福であった時代」とまで評したが、この評価はギボンの時代の社会状態を考えるならば、あながち誇張でもないだろう。

しかし、この最盛期からおよそ二〇〇年後の三九五年には、ローマ帝国は東西に分裂。さらに一〇〇年後には、分裂した西半分の帝国は既に地上から消え去っており、旧西ローマ帝国の領土は「野蛮な」ゲルマン系諸民族の支配下に置かれていた。多くの地域で都市文明や貨幣経済は崩壊し、ローマ帝国の時代以前に逆戻りしたような地域すらあった。ブリテン島では飼育されていた牛のサイズまで小さくなったとされている。

ただし、帝国の東半分は生き延びており、一四五三年に至るまで、さらに一〇〇〇年の命脈を保つことになる。

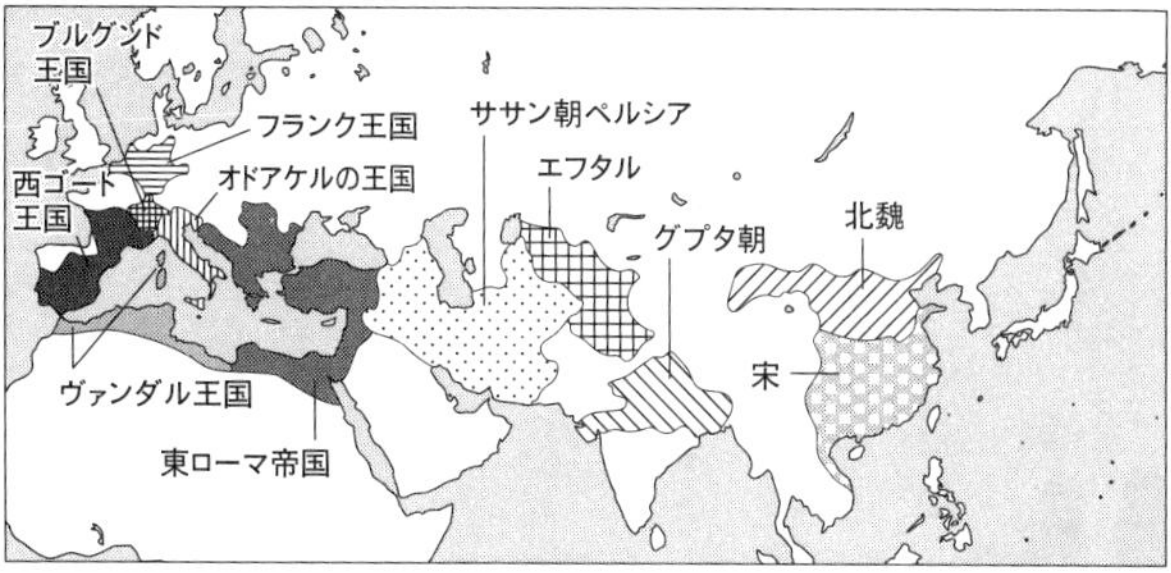

地図2　5世紀後半のユーラシア世界

かしローマ帝国の衰退、あるいは滅亡と言った場合は、一般的には西ローマ帝国のそれを指しており、本書でもこの慣例に従う。

　では、いったいローマ帝国は、なぜ繁栄し、そして滅んだのであろうか。本書は、この問題をユーラシア規模の視野で考える試みである。

　ローマ帝国が最盛期を迎えていた二世紀前半のユーラシア大陸の歴史地図を眺めてみよう。西から順にローマ帝国、パルティア、クシャーナ朝、そして後漢という、いずれも巨大な国家が連なり、ユーラシア大陸全体で政治的安定が見られた（地図1参照）。

　これに対して、ローマ帝国が滅んだ五世紀後半、四七六年頃の状況はどうであったか（地図2参照）。

　西ヨーロッパではゲルマン系諸民族の王国が乱立し、地中海の東部には東ローマ帝国が残存している。パルティアはササン朝ペルシアにとって代わられており、中央アジアからインド北部までを支配していたクシャーナ朝の姿もすでにない。北インドにはグプタ朝が新たに興《おこ》っており、中央アジアは遊牧民エフタルの影響下にある。中国でも、後漢はとうの昔に滅んでおり、のみならずローマ帝国のように分裂し、北に北魏、南に宋が並立している。北魏は、当時孝文帝の治世（四七一～四九九年）であるが、ほんの三〇年ほど前までは、この点もあたかもローマ帝国滅亡後の西ヨーロッパのように華北では五胡十六国と呼ばれる異民族の国家が興亡していた。

　このようなユーラシア大陸の歴史地図を確認すれば明らかなように、ローマ帝国の繁栄期は、同時にユーラシア大陸全体の政治的安定期であったのであり、衰退期にはやはりユーラシア大陸全体で、とりわけ、その東西の両端である西ヨーロッパと中国では、政治的安定が大きく損なわれていたのである。このことは、ローマ帝国の繁栄と衰退がユーラシア規模での出来事と関係していたことを示唆《しさ》していると言ってよいだろう。

　それならば、ユーラシア規模での出来事とは、果たして何であったのか。本書では、それがユーラシア大陸の東西を結んだシルクロード交易の盛衰であったと想定しているのである。以下では、この想定のもと、シルクロード交易の盛衰とローマ帝国の興亡の関係性を解き明かしていきたい。そして、最終的には、世界史上のローマ帝国の位置付けを再考する。

シルクロードとローマ帝国の興亡　◎目次

序章　ローマと漢はなぜ滅んだのか？——宮崎市定とアルバート・ヘルマン

絹の道、経済の道

シルクロードは、アジアとヨーロッパ、あるいはアフリカを結んだユーラシア大陸の交易路の総称で、超時代的に用いられるが、古代においては絹（シルク）がその代表的な流通商品であったため、その名がある。

このシルクロードとローマ帝国の関係については、歴史に詳しい方であるならば、ローマ帝国の都ローマがシルクロードの西の終着駅であったとされることや大秦王安敦《たいしんおうあんとん》（＝五賢帝の一人マルクス・アウレリウス・アントニヌス）の使者と称する者が一六六年に海路で後漢の日南郡（ベトナム中部）に至り、貢物を捧げた話などを思い起こされるであろう。しかし、「はしがき」で提示したような、シルクロードがローマ帝国の「興亡」にまで関係していたとの想定については、ほとんどの読者が首をひねるに違いない。

このような反応は至極当然のことである。なぜならば、シルクロードという言葉は、日本人にとっては、文化交流史とほとんど同義であるからである。それは例えば奈良東大寺の正倉院御物であり、唐の都長安の栄華であり、玄奘三蔵《げんじょうさんぞう》が歩いた道であり、ガンダーラの仏像である。つまり、シルクロードというのは、珍奇で、エキゾチックな宝物や宗教が行き交った道なのであり、国家の興亡などというレベルの問題とは関わりがないと思われているからである。

しかし、少し考えてみるならば、シルクロードは、まずもって交易の道であったのであり、経済の道なのである。文化や宗教の交流の多くは、経済活動に付随して結果的に起こった現象に過ぎない。そして、シルクロードを経済の道として認識するならば、経済が国家の興亡と結び付くことは容易に想像できるであろう。

実際、シルクロードと国家の興亡を結び付ける見方も存在する。それは宮崎市定《いちさだ》とアルバート・ヘルマンによるものである。

シルクロード交易が漢を滅ぼした

宮崎市定（一九〇一～一九九五年）は、科挙や九品官人法、あるいは論語の研究でよく知られる京都大学の東洋史学者であるが、東西交渉史にも造詣が深かった。その『中国史』のなかで、宮崎はシルクロード交易が漢の好景気を破壊し、漢王朝、ひいては中国の古代社会そのものを終焉に導いた元凶であると論じたのである。

宮崎は言う。漢代の中国には黄金が多かった。清代の学者趙翼《ちょうよく》は、「漢に黄金多かりき」と指摘する。多量の黄金はまさに漢代の好景気の象徴であった。しかし、武帝の時代（前一四一～前八七年）に「先進国」である西アジアとの交易が開けると、「後進国」中国の黄金は西アジアへ流出し始めた。中国は、西アジアから宝石、珊瑚、ガラス、香料などを求め、その代価として黄金と絹を輸出したからである。

中国からの年間の黄金流出量は、当時の交通状況などを考えると、それほどでもなかったかもしれないが、この傾向が長年続くことで漢代には豊富にあった黄金は次第に中国国内から姿を消した。これに伴って、深刻な不景気が到来し、貨幣自体が不足するようになる。そして、ついには貨幣経済そのものが衰退した。こうして自給自足を基本とする中世の社会が三国時代には中国に到来することになった、と宮崎は論じたのである。

宮崎が西アジアを先進国、中国を後進国と呼ぶ背景には、宮崎独自の世界史観がある。宮崎は、世界を東アジア（中国）、西アジア、ヨーロッパの三地域に区分し、それぞれの地域が古代、中世、近世、最近世の歴史を、時差を伴いながら、かつ先に進んだ地域がシルクロードを介して後進の地域に影響を与えることで、歩んだと考えていたのである。

宮崎の言う古代は、バラバラに居住していた人類が大帝国を形成するまでの時期のことで、東アジアでは秦・漢帝国が、西アジアではアケメネス朝ペルシアが、ヨーロッパではローマ帝国がそれぞれの地域の古代の大帝国である。成立年代で言えば、秦の中国統一が前二二一年、アケメネス朝ペルシアの成立は前五五〇年、ローマで帝政が始まったのは前二七年。すなわち、西アジアが歴史の進展が最も早く、次いで東アジア、最後にヨーロッパということになる。

これら大帝国崩壊後の政治的分裂を特徴とするのが中世で、中世にはこの政治的分裂に拍車をかける異民族の侵入があり、その混乱の中で人々には宗教が広まった。東アジアでは仏教、西アジアではゾロアスター教、ヨーロッパではキリスト教がそれに当たる。社会経済的には、貨幣経済の衰退と自給自足経済への回帰がそれぞれの地域で見られた。このような古代帝国の崩壊と中世の開始も、西アジア、東アジア、ヨーロッパの順で進み、さらにその終焉も同じ順であった。

宮崎は、宗教改革とルネサンス（学芸の復興）が起こったことをもって、中世が終焉し、近世が始まるとみなした。そして、西アジアでは、イスラームの興起とアッバース朝時代の学芸の隆盛がこれらに相当するとしたので、八世紀には早くも西アジアの社会は近世を迎えたことになる。これはヨーロッパの近世の始まりを示すルネサンスに先立つこと、六〇〇年である。一方、東アジアでは、一〇世紀の宋代に近世を迎えた。しかし、ヨーロッパは、他の世界よりも遅れて近世に入った分、それだけ充実した近世を迎え、いち早く産業革命を経て最近世に入ったことで、西アジア、東アジアを瞬《またた》く間に追い越し、世界を支配するに至ったのであった。

宮崎の見立てでは、西アジアこそが歴史の長い期間を通じて、「先進国」であったのであり、東アジアとヨーロッパは「後進国」なのであった。

ローマ帝国からも黄金が流出

非常に面白いことに、ローマ帝国においても、宮崎が漢のシルクロード交易について指摘したような経済現象が見られたことが指摘されている。それがアルバート・ヘルマン（一八八六〜一九四五年）によるものである。

ヘルマンは、ドイツの歴史地理学者である。ヘルマンの名は、われわれには平凡社の東洋文庫のシリーズに入っている『楼蘭』によって近しいだろう。楼蘭というのは、中央アジアのタクラマカン砂漠にあった都市、あるいは王国の名で、シルクロードの要衝として紀元前二世紀に史料上に初めて現れる。漢と匈奴《きょうど》の間で苦悩するその姿は、井上靖の小説『楼蘭』に見事に描かれている。楼蘭は五世紀半ばには滅亡し、二〇世紀に入ってからスウェン・ヘディンやオーレル・スタインらによって、関係する遺跡が発掘調査されるまで、その存在を忘れ去られていた。ヘルマンの『楼蘭』に付けられた訳者による副題「流砂に埋もれた王都」は、このような楼蘭の歴史を端的に表している。

一方で、原書の副題は、「ロプ・ノールの発掘から見た中国、インド、ローマ」となっており、この点から分かるように、ヘルマンはローマにも関心があり、黄金の流出によるローマ帝国の衰退という考えも、この著作の中で明らかにされるのである。なお、ロプ・ノールは、楼蘭のそばにあった湖の名で、「さまよえる湖」として有名である。現在は完全に干上がっている。

『楼蘭』には、「国際貿易のギリシア・ローマ世界への影響」の一節があり、ヘルマンは、ここで中国の絹が帝政期のローマの社会で一世を風靡《ふうび》したと指摘した上で、「しかしながら、多くの絹がローマの国内に輸入されれば、それだけ多くの黄金が国外に流出した。絹の輸入の増加は、はなはだ矛盾するように見えるが、本質的には、ローマの経済的没落を促進したのである」と述べたのである。

ヘルマンのこの一文が古代ローマの博物学者プリニウス（二三／二四～七九年）のシルクロード交易についての有名な発言を踏まえたものであることは疑いない。

プリニウスの『博物誌』には、「インドと中国とアラビア半島は、もっとも少なく見積もって、一億セステルティウスを毎年、われわれの帝国から奪っている。贅沢と女性が我々からこれほどの金額を失わせるのである」、あるいは「注目すべきことに、インドは、われわれの帝国から毎年、五〇〇〇万セステルティウス以上を吸い上げ、われわれのもとに一〇〇倍の値の付いた商品を送ってくる」との記述がみられるのである。

プリニウスの挙げる五〇〇〇万、あるいは一億セステルティウスという金額は、貿易赤字の総額であったとの説もあるが、同時代の皇帝ティベリウス（在位一四～三七年）が、女性が身に着ける宝石のために「お金」が「異国や敵国」に流出していることを憂慮していたとの歴史家タキトゥスの記述と合わせて考えるならば、問題の金額はおそらく貴金属貨幣である金銀貨の流出額を指しているのであろう。

一億セステルティウスは、一世紀当時のローマ帝国の国家予算の一〇分の一ほどに当たり、これを金貨に換算すれば一〇〇万枚に、銀貨にすれば四〇〇〇万枚に相当した。金貨は一枚、八グラムほどであったので、重量にすれば八トン分の金塊になる。銀貨は一枚四グラム弱であったので、銀塊にすれば一六トンである。なお、ローマ帝国では、金貨（アウレウス）と銀貨（デナリウス）、真鍮貨（セステルティウス）と銅貨（アス）が用いられていた。そして、金額は真鍮貨の額であるセステルティウスであらわすのが一般的であった。

実際、プリニウスの発言を裏付けるかのように、インド、特にその南部からはローマ時代の金貨や銀貨が多数出土する。また、古代の南インドで成立したタミル語の文学作品『エットゥトハイ（八詞華集）』では、「チェーラの川ペリヤールの流れを泡立て、立派な造りの美しいヤヴァナ【ローマ人】の船が金を積んで来訪し、胡椒《こしょう》を満載して去っていく殷賑《いんしん》を極めるムジリ【ムージリス】の町（蔀《しとみ》勇造訳、【　】内は著者による補足）」と歌われている。『エットゥトハイ』で歌われているムージリスというのは、現インド南西部ケララ州のパッタナムに当たる場所にあったと考えられている都市で、ローマ・インド交易の中心地の一つであった。ローマ人は、インドにおいて金貨で大量の胡椒を買い付けていたのである。この点は後章で詳しく見るが、ローマ人は絹もこのインド経由で入手しており、インドは、ローマ帝国のシルクロード交易のもっとも重要な交易地であった。

したがって、確かにヘルマンが言うように、「国外」、特にインドへは毎年、大量の黄金が流出していたことになる。ただし、その結果として「促進」されたとされる「ローマの経済的没落」が具体的にどのようなことを意味するのかは、ヘルマンは説明していない。

黄金を軸にしたユーラシア史の可能性

シルクロードと国家の興亡を関連付ける宮崎とヘルマンの学説は、奇《く》しくも軌を一にしており、つなぎ合わせるならば、非常に都合よく、黄金の流れを軸にした次のような古代ユーラシアの歴史像すら描けるように思われる。

ユーラシアの東西にあった漢とローマ帝国は、共にシルクロード交易に関わっていたが、「後進国」であったこの二つの国家からは、結果的に多くの黄金が国外へ流出することになった。そして、いずれの国家も、国内の黄金が枯渇したことで、経済的な問題に直面し、やがて滅亡していった。「はしがき」で述べたように、二世紀には統一国家のもとにあった中国と西ヨーロッパの地域は、五世紀後半には分裂状態にあったが、このことは、シルクロード交易が引き起こした黄金の枯渇という共通の問題によって引き起こされたのであった。

漢とローマ帝国から流れ出した黄金の流出先は、「先進国」の西アジア、インド方面であったので、これらの地域はいわば黄金の吹き溜まりとなっており、活況を呈していた。三世紀前半には、漢が滅び（二二〇年）、ローマ帝国は軍人皇帝時代の動乱期（二三五～二八四年）に入る一方で、これを尻目に西アジアではササン朝が二二四年に興起し、その勢力を拡大させるが、この背後にも、シルクロード交易を通じた黄金の流れがあったのである。

断るまでもなく、このような歴史像は、宮崎とヘルマンの学説が全面的に正しいことを前提にしたものであり、あくまでも仮のものである。しかしシルクロードと国家の盛衰を関連付けることで、新しい歴史像を描く可能性があることはこの二人の先学によって示されていると言ってよいだろう。

次章以下では、この可能性に基づきながら、シルクロード交易とローマ帝国の興亡の関係に焦点を絞って、具体的な検討を始めていく。なお、宮崎とヘルマンは、両者とも、シルクロード交易と国家の衰退を専《もっぱ》ら問題にしていたが、衰退と繁栄は表裏一体の関係にあるので、本書では、ローマ帝国の繁栄の面も取り上げる。

古代ローマ史概観

序章の最後では、本書をよりよく理解していただくためにも、ローマの興りから西ローマ帝国の滅亡までの古代ローマ史の流れをあらかじめ簡単に説明しておきたい。

古代ローマの歴史は、イタリア半島中部の都市国家ローマの誕生に始まる。都市国家というのは、都市とその周辺の領域を支配する小さな国家である。伝承によれば、このような都市国家ローマは、前七五三年にロムルスという王によって建てられた。

ロムルスの後、六代の王が続いたが、最後の王は暴虐であったため前五一〇年に追放され、ローマは共和国となった。共和国を動かしたのは、都市ローマの有力者が集った元老院であった。この元老院の指導の下、ローマはその領土を著しく拡大させていくことになった。

ローマは、前二七二年にはまずイタリア半島の統一を成し遂げ、間もなく、地中海西部で当時強大な勢力を誇っていた北アフリカの都市国家カルタゴと交戦状態に入り、三次にわたるポエニ戦争を繰り広げて、これを前一四六年に滅ぼし、地中海西部における覇権を確立した。第二次ポエニ戦争中には、ローマは地中海の東部にも進出し始め、カルタゴを滅ぼした同じ年には、マケドニアとギリシアもその支配下に組み入れたのである。

しかし、領土拡大に伴って、国内外の様々な問題が噴出するようになり、前一三三年以後、ローマは内乱の時代へと突入した。

この内乱の時代は、ローマ史のハイライトの一つで、カエサルやポンペイウス、アントニウスといったローマの名高い政治家が国家の覇権をめぐって争った時代である。彼らは、自身の名声や権力基盤を確立すべく、積極的に対外戦争を繰り返したため、内乱の中にあったにもかかわらず、ローマは、その領土をいよいよ拡大させた。カエサルはガリア（フランスとベルギー）を、ポンペイウスはシリアとパレスティナを征服したのである。最終的にこの内乱を勝ち抜き、共和国ローマの独裁者となったのは、カエサルの養子であったオクタウィアヌスであった。オクタウィアヌスは、前二七年に元老院よりアウグストゥスという事実上の皇帝称号を与えられ、ここに共和国の時代は終わった。

アウグストゥス帝の治世は四〇年以上に及び、この間、同帝は国境の画定、常備軍の設置、首都ローマの改造などを通して、ローマ帝国の基礎を固めた。一方、帝政の開始後、元老院は組織としての影響力を大きく減退させたものの、アウグストゥス帝は、ここに集った議員たちに帝国統治の枢要な役職を担わせ、帝国第一の身分として留め置いた。

アウグストゥス帝の死後、皇帝位はその一族が継いでいった。この王朝をユリウス・クラウディウス朝と呼ぶ。ユリウス・クラウディウス朝は暴君ネロを最後に六八年に断絶し、ローマ帝国は、翌六九年には内乱を経験するものの、新たに興ったフラウィウス朝の下でも順調に発展し続けた。古代ローマを代表する遺跡であるローマ市のコロッセオが建造されたのも、この王朝の時代においてであった。

フラウィウス朝は、ネロの再来と言われた暴君ドミティアヌスを最後に終焉し、九六年からは、ローマ帝国は五賢帝時代を迎えた。五賢帝とは、ネルウァ、トラヤヌス、ハドリアヌス、アントニヌス・ピウス、マルクス・アウレリウス・アントニヌスを指す。彼らが支配した一八〇年までの、およそ八〇年間が帝国の最盛期であり、その領土はトラヤヌス帝の治世（九八～一一七年）に最大となった。この時期が、ギボンの言う「人類が史上、最も幸福であった時代」である。しかし、実際には、五賢帝最後のマルクス・アウレリウス・アントニヌス帝の時代（一六一～一八〇年）は、パンデミックや大規模な戦争が発生しており、帝国の繁栄には明らかに陰りが見え始めていた。

マルクス・アウレリウス帝の死後は、不肖の息子であったコンモドゥスが後継者となったことで、五賢帝時代は終った。コンモドゥスの死後、一九三年には再び内乱となり、この内乱を制したのは、北アフリカ出身のセプティミウス・セウェルスであった。セウェルスは、新たな王朝を開き、この王朝の下で、帝国は束の間の安定を享受した。

　しかし、二三五年にセウェルス王朝が断絶すると、ローマ帝国は軍人皇帝時代に入り、異民族の侵入、皇帝の乱立、疫病の流行、激しいインフレによる貨幣経済の崩壊といった未曾有の危機を経験することになった。

　このような軍人皇帝時代の混乱は、二八四年に即位したディオクレティアヌス帝によって収拾《しゅうしゅう》された。ディオクレティアヌス帝は、四帝分治体制をとって、軍事的危機を克服しただけでなく、帝国の抜本的な再建を図って、行政機構や税制の改革も断行し、アウグストゥス以来の帝国の諸制度を大きく改変させたのである。そのため、以後のローマ帝国は、後期ローマ帝国としての新たな歩みを始めることとなった。

　ディオクレティアヌス帝は、四帝分治体制が永続的に機能することを望んだが、同帝が三〇五年に退位すると、瞬く間に崩壊してしまった。四帝分治体制崩壊後の帝国を統一したのは、コンスタンティヌス帝（在位三〇六〜三三七年）であった。コンスタンティヌス帝は、国家体制の面では、ディオクレティアヌス帝の方向性を継承して、後期ローマ帝国の体制を確固たるものにする一方で、キリスト教に対しては、正反対の対応をとり、これを公認した。コンスタンティヌス帝の王朝は、一族の不和もあって短命であり、背教者と呼ばれたユリアヌス帝を最後に三六三年に途絶えた。コンスタンティヌス帝の死からわずか二六年後のことであった。

　そして、コンスタンティヌス朝に続いたウァレンティニアヌス朝時代の三七五年には、ローマ帝国を滅ぼすことになるゲルマン民族の大移動が始まり、この混乱の中、帝国は三九五年に東西に分裂してしまった。ゲルマン民族の圧力は、当初は、帝国の東半分の特にバルカン半島にかかっていたが、やがてより脆弱《ぜいじゃく》な西半分に向かうようになった。

　結局、西ローマ帝国は、これに耐え切れず、次々とその領土を奪われた。西ローマ帝国最後の王朝であったテオドシウス朝が絶えた四五五年の段階では、その実質的な統治領域はイタリア半島に限定されているような有様であった。テオドシウス朝の断絶後は、短命で弱体な皇帝が続き、最後の皇帝ロムルス・アウグストゥルスがゲルマン民族の傭兵隊長オドアケルに廃位されたことで、西ローマ帝国は四七六年に滅んだのであった。

第一章　シルクロードが運んだもの

メインルートは海路だった

シルクロード交易と言うと、われわれはつい月夜に砂漠を歩むラクダの隊列を思い浮かべてしまう。このイメージはもちろん間違いではない。しかし、ローマ帝国のシルクロード交易のメインルートとなっていたのは、陸路ではなく、海路であった。それはいわゆる海のシルクロードであったのである。鉄道や自動車のない古代において、物資を大量に陸路で輸送することは非常に困難なことであり、したがって陸路は大規模交易には向かず、可能であれば海路が望ましかったからである。

ローマ帝国のシルクロード交易のもっとも重要な交易地は、序章で言及したように、インドであったが、そのインドへも、ローマ人は陸路ではなく、海路で向かった。そして、その中間には、やはりシルクロードの重要な交易地となった東アフリカや南アラビアがあったのである。

本章では、このようなローマ帝国のシルクロード交易のルートと交易地、そして、そこでどのような商品が、どのような方法で取引されたのかを解説しておきたい。

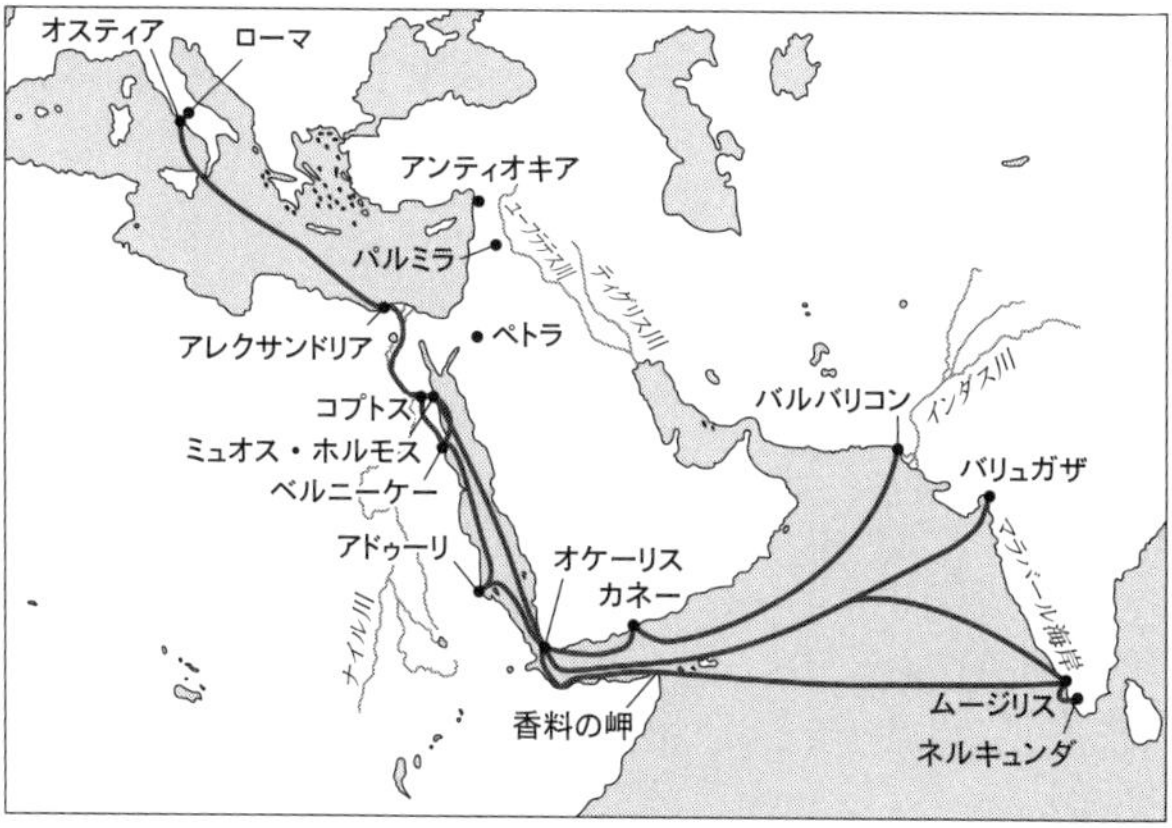

地図3　ローマからインドへ

インドへの道

まず試みに帝国の都ローマ市からインドまでの道を辿《たど》ってみよう（地図3参照）。

ローマ市からは市内を流れるティベル川を下り、まずはティレニア海に面したオスティア港へと行く。オスティア港からは海路で地中海を横断し、エジプトのアレクサンドリアへと向かう。オスティア港からアレクサンドリアまでは、順風で一〇日から二〇日かかった。

アレクサンドリアは、ローマ帝国内のシルクロードの最大の拠点であり、東方からもたらされた商品はアレクサンドリアに陸揚げされ、帝国各地に売りさばかれた。草創期の東洋史学を牽引した東大の学者白鳥庫吉《くらきち》（一八六五～一九四二年）は、漢籍に現れる大秦国はエジプトのアレクサンドリアを指しており、その別名とされる犂軒《れいけん》も、アレクサンドリアが訛《なま》ったものとしたが、この学説はシルクロード交易におけるアレクサンドリアの位置を考えるならば、妥当な見解であろう。

　アレクサンドリアからは、今度はナイル川をエジプト中部のコプトスまで船で遡《さかのぼ》る。アレクサンドリアからコプトスまでは、一二日かかった。コプトスからは進路を東に取り、エジプトの東部砂漠を横断し、紅海に面した港町ミュオス・ホルモス、あるいはベルニーケーを目指した。砂漠の行路には、給水所などが整備され、ローマ兵が警備に当たっていた。コプトスからミュオス・ホルモスまでは六日から七日の、ベルニーケーまでならば一二日の距離である。

　紅海の港町からは、再び船に乗って南下し、バブ・エル・マンデブ海峡を抜けて、アデン湾からアラビア海に入り、アラビア半島南岸のオケーリスやカネー、あるいは「香料の岬」と呼ばれていたソマリアのガルダフィ岬に至る。この間のベルニーケーからオケーリス、あるいはカネーまでは、三〇日を要した。そして、ここからは一気にインド洋を貿易風に乗って横断するのである。この貿易風は、その発見者の名にちなんで「ヒッパロスの風」と古代には呼ばれた。ヒッパロスは、インド洋で活躍した航海長であったとされるが、生存年代も明らかではなく、その実在を疑う説もある。

　ヒッパロスの風に乗って向かう先は、インダス川河口のバルバリコンやインドの北西部キャンベイ湾のバリュガザ、あるいはインド南西部のマラバール海岸にあったムージリスとネルキュンダである。オケーリスからバリュガザまでは二〇日程度かかったとされており、インド北西部までは、ローマ市から総計で、三か月ほどかかったことになる。

商業案内書『エリュトラー海案内記』

　では、ローマ帝国の商人はこの海のシルクロードのどこの交易地で、どのような商品を交易していたのであろうか。

　この点について詳細な情報を与えてくれるのは、ギリシア語で書かれた『エリュトラー海案内記』である。

　エリュトラー海とは、ひろく現在の紅海とペルシア湾、インド洋を含む、ギリシア・ローマ人にとっての南方の海を指し、『エリュトラー海案内記』はこの海の商業案内書である。そこにはエジプトのミュオス・ホルモスから始まり、ティーナと呼ばれた中国に至るまでの距離や方角、交易地、そしてそれぞれの交易地において取引される商品が詳細、かつ具体的に紹介されている。

ただし、その分量は少なく、小冊子と言ってもよいようなもので、中公文庫の村川堅太郎訳では本文はわずか四三頁である。翻訳者の村川堅太郎（一九〇七〜一九九一年）は、日本を代表する西洋古代史研究者で、「精密機械」とあだ名をつけられたほど精緻で実証的な研究を行ったことで知られる。村川は、『エリュトラー海案内記』を戦時中に翻訳しており、その翻訳は終戦後間もない一九四六年に生活社から刊行され、一九九三年には中公文庫に入った。『エリュトラー海案内記』は、二〇一六年には、古代アラビア学者の蔀《しとみ》勇造によって、詳細な訳註をつけて、平凡社の東洋文庫のシリーズから二巻本で出版されたが、やはり本文だけであれば、三六頁分にすぎない。本書では、『エリュトラー海案内記』の訳については、この蔀訳を利用している。

『エリュトラー海案内記』の著者については、その名前すら伝わっていないが、おそらくエジプト在住のギリシア人商人である。著作の年代については、一世紀前半説から三世紀説まであるが、村川は四〇〜七〇年頃、蔀はより限定して、五〇〜七〇年の間と推定しており、一世紀とみて間違いないだろう。

著者の足が実際に及んだのは、インドの西海岸までであったようである。しかし、その辺りまでは自身の体験に基づいてこの書物が著《あらわ》されたことは、例えばインド南西部のネルキュンダに近づくと「この辺りでは、外海から来たものにとってこれらの場所が近づいたという徴は、迎えに出る蛇である。それらは皮膚の色はやはり黒いが少々短めで、頭は龍に似て目は血のように赤い（蔀勇造訳）」といった現地を知らなければ書けないような記述がしばしば見られることから疑う余地はない。

いずれにせよ『エリュトラー海案内記』は、村川堅太郎が指摘するように、数多くのギリシア、ローマ人の著作の中で「商人が自己の体験と目撃に基づいて航海、貿易のことを誌した唯一のもの」であり、この意味で「無類の珍籍」なのである。

シルクロードの交易地――東アフリカからインドまで

『エリュトラー海案内記』には、六〇を超える交易地が紹介されている。しかし、このうちローマ帝国の商人が目的地とした主要な交易地は、八つであった。このことは、これら八つの交易地についてのみエジプトから何月に出帆すればよいか、指示されていることから知られる。

八つの交易地のうち二か所は東アフリカ、二か所は南アラビア、残りの四か所はインドにあった。

東アフリカの二か所の交易地は、現在のエリトリアからソマリアの海岸地帯にあり、具体的には、アドゥーリと「向こう側」の交易地である。

アドゥーリは、エチオピア高原に本拠地のあったアクスム王国の港である。『エリュトラー海案内記』によれば、その当時の王はゾースカレースと言い、「彼はその財産について抜け目なく、より多くを得ようと努めているが、その他の点では立派でギリシア文字も心得て」いた。

一方、「向こう側」の交易地とは、アウアリテース、マラオー、ムーンドゥー、モスュッロン、「香料交易地」、オポーネーなどを指している。「向こう側」の交易地には、交易地ごとに現地の首長がいたとされており、アクスムのような国家を形成していなかったようである。

南アラビアの二か所の交易地は、ムーザとカネーである。ムーザは、現在のイエメンのモカに当たる。当時は、ヒムヤルとサバァの連合王国の港で、カリバエールという名の王によって支配されていた。カネーもやはり現在のイエメンにあったが、ムーザとは属する国が異なり、イエメン東部からオマーン西部に広がるハドラマウト王国に属していた。その当時の王はエレアゾスであった。

そしてインドの交易地四か所とは、バルバリコン、バリュガザ、ネルキュンダ、ムージリスである。

バルバリコンは、現パキスタンのシンド地方のインダス川河口にあった交易地であるが、正確な位置は不明である。『エリュトラー海案内記』が書かれた時代には、ミンナガルに都を置くインド・パルティア人の王国の港であった。インド・パルティア人は、パルティア王国を建てたパルティア人の一派で、その最も有名な王は、二一年から四一年頃に在位したゴンドフェルネースである。この王は、インドに派遣されたイエスの一二使徒のひとりトマスによって洗礼を受けたとされている。バルバリコンは、後にはクシャーナ朝の支配下に入った。

次のバリュガザは、現インド北西部のグジャラート州の都市バルーチに当たる。一世紀当時は、マンバノスという王の領土であった。マンバノスは、おそらくシャカ（サカ）族の王ナハパーナを指している。シャカ族は前一世紀に中央アジアからインドに侵入した遊牧民族である。

最後の交易地となるインド南西部のムージリスとネルキュンダについて、『エリュトラー海案内記』は、これら二つの都市が「目下好景気」であったと伝える。序章で説明した通り、ムージリスは現ケララ州のパッタナムに当たり、ペリヤール川の河口から四キロ半ほど遡ったところにあった。当時は、タミル人の王国の一つチェーラ朝の領土であった。古代末期に制作された地図には、ムージリスには、ローマ皇帝アウグストゥスを祀《まつ》る神殿があったとされており、多数のローマ人がムージリスに居住していたことが窺《うかが》える。

ネルキュンダはムージリスの南約七〇キロのところにある川の河口から約二二キロ内陸に入ったところにあったとされているが、正確な位置は明らかではない。ネルキュンダは、同じくタミル人の、しかし、こちらはパーンディア朝の領土に属していた。

主な交易品リスト

交易地で取引された商品について『エリュトラー海案内記』は、先に言及したように詳細、かつ具体的である。

一例として、東アフリカのアドゥーリを挙げると、ローマ側はアドゥーリに「エジプト製でバルバロイ向けの縮絨《しゅくじゅう》してない上衣《うわぎ》〔ヒマティア〕、アルシノエー【エジプトのファイユーム地方の都市】製の衣〔ストライ〕、混紡で色物の外套〔アボッライ〕、亜麻布、二重縁《へり》付きの品、多くの種類の色ガラスや、別のディオスポリス【エジプトの古都テーベ】製のミッレフィオーリ・ガラス、装飾（品）として、また裁断して貨幣として用いられる真鍮、料理（道具）として、また裁断して女たちの腕輪や足首飾りとして用いられる蜂蜜銅【蜂蜜銅については、蜂蜜色の銅の延べ棒、あるいは蜂蜜を熱するための銅製の浅鍋などの説があるが、詳しくは分からない】、象やその他の野獣（狩り）と戦争のための槍に使われる鉄である。同じく小斧、手斧《ちような》、短刀、円くて大きな銅製飲器、外国人居留者のための少量のローマ貨幣、およびラー〔オ〕ディケイアー産とイタリア産の葡萄酒少量と、オリーブ油少量」を輸出し、代わりに「象牙、亀甲、犀角」を輸入していたとされる（蔀勇造訳、【　】内は、蔀の訳注を基にした筆者による説明である）。

このような交易品のリストは、とりわけ輸出品については一見しただけでは頭が混乱しそうであるが、概括すれば、布類とガラス器、金属、金属加工品、ローマの貨幣＝金銀貨、葡萄酒、オリーブ油ということになる。

そして、これらがローマ帝国の主要な輸出品であったのであり、残りの七つの交易地に対してもこういった商品が輸出されていたのである。その他にローマ帝国の輸出品として付け加えるものがあるとすれば、あとは珊瑚があるくらいだろう。

一方で、ローマ帝国が輸入した品については、当然のことながら、地域ごとに異なっていた。

主要な輸入品は、東アフリカのアドゥーリからは象牙、亀甲、犀角であったが、同じ東アフリカでも「向こう側」の交易地からの輸入品は、没薬《もつやく》（後述）やカシア（現在、カシアは肉桂《につけい》の一種を指す言葉となっているが、古代においては異なっていたようであり、その実態を巡っては論争がある）を初めとする香料であった。

南アラビアからもやはり香料が輸入され、ムーザからは没薬が、カネーからは乳香（後述）がローマ帝国へもたらされた。

インドの四つの港からは、ナルドス（古代においては、この言葉で数種類の芳香植物のことを指しており、インドから輸出されていたナルドスの同定は難しいようである。一般的には、オミナエシ科カノコソウ属の多年草を指す。香油の原料や薬種として利用）やマラバトロン

（肉桂樹の一種である常緑樹 Cinnamomum tamala の葉のことで、香油の原料や薬種として利用）、あるいはコストス（キク科の多年草モッコウ〔木香〕の根を乾燥させたもので、薬種あるいは薫香料として利用）のような香料や薬種、それに縞瑪瑙《しまめのう》やサファイアなどの宝石類がローマ帝国に積み出されていた。また、中国の絹も、四つのインドの港すべてから輸入可能であった。南インドのムージリスとネルキュンダからは、特に胡椒が大量に仕入れられた。

ローマ帝国の輸出品——ガラス器、葡萄酒、珊瑚

続いて、代表的なローマ帝国の輸出品と輸入品についてさらに解説を加えておこう。輸出品としてはガラス器、葡萄酒、珊瑚を、輸入品としては乳香と没薬、胡椒、絹を取り上げる。まずは、輸出品から。

ガラス器

ガラス器は、ローマ帝国の特産品であった。ガラス器の製造自体は、前一五〇〇年頃の

エジプトで既に行われていたが、前一世紀前半に東地中海域の、おそらくシリアで発明された吹きガラス技法が一世紀にローマ帝国各地に急速に普及したことで、当時のローマ帝国はガラス器の一大産地となっていたのである。

吹きガラス技法は、鉄パイプの先に溶解したガラスをつけて、もう一方の先から息を吹き込んでガラスを膨らませ、ガラス器を形成する方法である。この方法の発明によって、透明で、様々な形のガラス器が自在に作れるようになり、またその大量生産も可能になっていたのであった。

『エリュトラー海案内記』の記述では、ガラス器が輸出されていたのは、八つの主要な交易地のうち、アドゥーリとバルバリコンのみで、同じインドでもバリュガザやムージリスへは加工用ガラスが輸出されていたことになっているが、実際には、ローマ製のガラス器は、インド亜大陸全体から広く出土している。

アフガニスタン北部のベグラム遺跡からは、紀元後一世紀のものと思われるローマのガラス器が一五〇点ほど一九三七年に見つかっている。ガラス器には、モザイクガラスの皿やエナメル彩ゴブレット、浮彫装飾付きのゴブレット、カット・グラス坏《はい》、ジグザグ状ガラス紐飾り坏など、さまざまな技法で作られた優品が含まれており、ベグラムでは、これらのガラス器はインドの象牙細工や後漢時代の漆器などとともに、密閉された状態のままで倉庫に入れられていた。「ベグラムの遺宝」と呼ばれるこれらの品物は、シルクロード交易に携わった商人が保有していたものと考えられている。ベグラムは、交通の要衝であり、クシャーナ朝の夏の都でもあった。

ローマ帝国がガラス器の一大産地であったことは、遠く中国まで知られており、『魏略』に大秦国の産物として挙げられている「赤、白、黒、緑、黄、青、紺、縹《はなだ》、紅、紫の十種の瑠璃（今鷹《いまたか》真・井波律子訳）」は、ガラスのことである。

葡萄酒

葡萄酒は、八つの主要な交易地すべてに輸出されており、まさにローマ帝国を代表する輸出品であった。

葡萄酒を入れたアンフォラと呼ばれる容器は、インド亜大陸では五〇以上の遺跡から数多く発掘されている。北インドでは、前四世紀にアレクサンドロス大王がこの地に侵入して以来、ヘレニズム文化が根付いており、葡萄酒を呑む習慣も広がっていたのである。他方で、そのような伝統のなかった南インドのタミル人の諸王国においても、『エットゥトハイ』によれば、「甘く」、「冷たい」葡萄酒は、好んで飲まれていた。葡萄酒の産地としては、『エリュトラー海案内記』には、イタリアと並んでラーオディケイアーが挙げられている。

ラーオディケイアーは、現シリアのラタキアに当たり、海に面した港町であるが、地理学者ストラボンによれば、後背の山地では山頂まで葡萄が栽培され、葡萄酒が盛んに作られていた。葡萄酒は主にアレクサンドリアに輸出されていたとされているが、一部は、アドゥーリのような東アフリカにも流れていたのである。

イタリアでも葡萄酒は熱心に生産され、あまりに熱が入って穀物の栽培がおろそかになったため、スエトニウスの『ローマ皇帝伝』によれば、皇帝ドミティアヌスは「イタリアでは何人も葡萄畠を新しく開墾してはならぬ、属州でも葡萄園を伐《き》り倒し、そこではせいぜい半分も残したらよい（国原吉之助訳）」との布告を出すほどであった。プリニウスも「正当に『ブドウ酒』として十分に知られてしかるべき名だたる種類は、全世界におよそ八〇種あるが、この数の三分の二がイタリア産で、そのために全世界にぐんと先んじている（加藤直克訳）」と述べている。

ちなみに、プリニウスの時代に最も評価の高かった葡萄酒は、イタリアのカンパニア地方のファレルヌスのものであった。このファレルヌスの葡萄酒は、「炎を近づけると点火する（加藤直克訳）」とされており、アルコール度がかなり高かった。点火するのは特別であるにしても、当時の葡萄酒は、今日のワインとは、総じて相当に異なっていたようで、この点はローマ人が葡萄酒を通常、水で割って飲み、蜂蜜や諸種の香料を加えていたことからも明らかである。

実際に、ラーオディケイアー産とイタリア産の葡萄酒がインド方面へ輸出されていたことは、考古学的にも確認できる。また、ムージリスと同定されるパッタナム遺跡からは、イタリア産のアンフォラに加えて、コス島、キリキア地方（トルコ南西部）、ヒスパニア（スペイン）、ガリア（フランス）、エジプト、ロードス島産のアンフォラの破片が確認されており、輸出された葡萄酒の産地は、帝国各地に広がっていたのである。ただし、量的にはイタリア産が圧倒していた。

珊瑚

輸出品として少し意外なのは、地中海で採れる珊瑚である。これもローマ帝国の特産品であった。珊瑚は、南アラビアのカネーやインドのバルバリコン、バリュガザへ輸出されていた。

プリニウスによれば、ガリア湾のストエカデス諸島（南フランスのイエール諸島）近辺とシチリア湾のアエオリア諸島（シチリア島北部のエオリア諸島）周辺、そして同島西部のドレパヌム市（トラーパニ）の沖合で採れる珊瑚が最もよいとされていた。よい珊瑚の特徴は、「もっとも紅くて枝が多く、ざらざらしたり石のようでないもの、さらに虚ろであったり穴があいていたりしないもの（中野定雄他訳）」であった。インドでは、珊瑚は非常に珍重されていたという。

ローマ帝国の輸入品――乳香と没薬、胡椒、絹

乳香と没薬

乳香と没薬は共に芳香ゴム樹脂で、肉桂と並んで、古代世界を代表する香料である。いずれも東アフリカのソマリアと南アラビアで採れ、『エリュトラー海案内記』でも、これらの地域の交易地から輸出されていたことになっている。『新約聖書』「マタイによる福音書」第二章は、生まれたばかりのイエスに礼拝するために東方からやって来た三博士

が黄金と共にささげたのは乳香と没薬であったと伝える。黄金は現世の王を、乳香は神を、没薬は人々を救う医師（救世主）を意味したとされる。

乳香は、ボスウェリア属の樹木の樹液の塊で、半透明の乳白色をしているため、その名がある。加熱すると香気を発する。香料史研究の第一人者であった山田憲太郎の表現を借りれば、乳香の香りは、「スウィート（甘美）」である。乳香には、薬種としての用途もあったが、主に香料として宗教儀礼に用いられた。乳香が神と関連付けられるのは、そのためである。

南アラビアの乳香産地とその採取方法について『エリュトラー海案内記』は次のように記述している。「山地で近づきがたく、大気は重苦しく霧に包まれ、乳香を産する木が生えている。乳香を産する木はそれほど大きくも高くもなく、ちょうど我々のところのエジプトのある種の木がゴム（液）を滴《したた》らせるように、樹皮の上に凝固した乳香を作り出す。乳香は王の奴隷や、刑罰として送られた者たちによって扱われる。この地は恐ろしいほど不健康で、沿岸を航行する者たちには有害であるし、（そこで）働く者たちにとっては全く致命的である。さらにまた食糧不足によって、彼らは簡単に命を落とす（蔀勇造訳）」。

一方の没薬は、コミフォラ属の樹木の樹液が固まったもので、色は黄赤褐色である。その香りは、やはり山田によれば、「刺激の強い、するどいようなピリッとくるもので、力強」く、「ビッター」である。乳香のように香料として利用されただけでなく、薬種としてよりよく用いられた。傷を治すのに効果があるとされ、また眼病の薬ともされた。消臭、防腐効果も期待され、古代エジプトではミイラを製作する際に死体に詰められた。「ヨハネによる福音書」第一九章によれば、イエスの亡骸《なきがら》は、香料と共に亜麻布で巻いて埋葬されたが、この香料にも没薬が含まれていた。

　それぞれの価格について、プリニウスは、最上の乳香の値段は一リブラ（約三二七グラム）当たり二四セステルティウス、二番目に良質のものは二〇セステルティウス、三番目のものは一二セステルティウスであったとしている。没薬のほうは、値段差が大きかったようであるが、概《おおむ》ね最上の乳香の倍以上の価格が付き、高いものは二〇〇セステルティウスしたという。

　当時のローマ軍兵士の手取りの月収が五〇セステルティウスほどであったとされているので、最下等の乳香でも決して安くはなかったが、一リブラよりも小さな単位での量り売りも可能であったから、兵士のような一般庶民でも手に入らないものではなかった。

胡椒

胡椒（piper nigrum）は、常緑つる性植物の実で、インドのマラバール海岸の後背の山地で採れた。胡椒の未熟果を乾燥させると、黒胡椒になる。そして、黒胡椒というのが、われわれが一般的に胡椒と認識しているもので、ローマ人にとっても胡椒と言えば黒胡椒であった。胡椒は、産地に近いインド南部のムージリスやネルキュンダから輸入された。

ローマ人は、黒胡椒の他に、白胡椒と長胡椒（piper longum）も知っていたが、白胡椒は『エリュトラー海案内記』には言及がない。白胡椒は、胡椒の熟果を水にさらして皮をとって、乾燥させたもので、黒胡椒よりも刺激が穏やかで、香味がよいとされている。一方、長胡椒の木は、胡椒とは種類が異なり、多年生の灌木である。専ら薬種として利用され、『エリュトラー海案内記』によれば、インド北部のバリュガザから輸入された。英語のペッパーは、古代のインド語であるサンスクリット語のピパリに語源があるが、このピパリは本来は、長胡椒のことを指していたとされる。

それぞれの値段は、プリニウスの時代には、一リブラで、黒胡椒が一六セステルティウス、白胡椒が二八セステルティウス、長胡椒が六〇セステルティウスであった。

胡椒が香辛料として急速に普及するようになるのは、ローマ帝国初代皇帝アウグストゥスの時代以後である。この時代に活躍したホラティウス、オウィディウスといった詩人の作品には、胡椒への言及が見られるようになる。

二代皇帝ティベリウスの治世に生きた美食家アピキウスの作とされる『料理書』には、四七〇種類ほどの料理のレシピが挙げられているが、そのうち八割のメニューに胡椒が用いられている。例えば、「子山羊又は子羊の網焼」のレシピは、「リクァーメン【魚醤】と油で煮た後、切り込みを入れて、胡椒・ラーセル【香草の一種、詳細は不明】・リクァーメン・油少量（を混ぜ合わせたソース）につけ、焼網（craticula）にのせて焼く。肉に同じソースをかけ、胡椒をふって供する（ミュラ＝ヨコタ・宣子訳）」とされ、「子豚のロースト」のレシピには、ローストにかけるソースを作る際に、胡椒や香辛料入り葡萄酒、玉ねぎなどが使われるといった具合である。香辛料入り葡萄酒というのは、葡萄酒に胡椒と蜂蜜を加えたものである。

そして、一世紀も後半になると、胡椒は相当に普及していたようで、プリニウスは「コショウを使うのがこれほど好まれるようになったのは驚くべきことである（岸本良彦訳）」と書き残すことになる。プリニウスがこの現象に驚くのには訳がある。なぜならば、プリニウスの感覚では、胡椒は実が甘いわけでもなく、見栄えがいいわけでもなく、「ただ刺激の強い、ぴりっとした辛味のために好まれ（同訳）」ているに過ぎないのにインドにまで求めに行かれ、その上、現地では自生しているものを「金や銀のように秤《はかり》で計って売買（同訳）」されているからなのであった。

実際、胡椒の輸入量は莫大であった。二世紀半ばの「ムージリス・パピルス」――この史料については次章で説明する――に記載された総トン数六二〇トン以上と推定される一隻の船には、デ・ロマニスという学者によれば、五五二トンもの胡椒が積まれていた。

アウグストゥス帝の時代を生きた地理学者ストラボンによれば、前二五年の段階でエジプトからインドへ年間一二〇隻もの船が、それもミュオス・ホルモスという一つの港からだけで出帆していたので、もしそれぞれの船がこの船と同じ分量の胡椒を持ち帰ったならば、それだけで少なくとも年間六万六〇〇〇トン以上もの胡椒が輸入されていたことになる。当時のローマ帝国の人口が六〇〇〇万人ほどと推定されているので、単純計算で、年間一人当たり一キロに相当する量である。

もっとも、問題の船は最大級の船であったので、この規模の船が一二〇隻もインドに赴いていたとは思われないし、またすべての船がこれほどの大量の胡椒をもたらすこともなかったであろう。しかし、輸入量がその一〇分の一であったとしても、一人当たり一〇〇グラム以上もの量の胡椒がもたらされたことになるのである。現代の先進国での年間一人当たりの胡椒の消費量が一〇〇から二〇〇グラムほどであるので、二〇〇〇年も昔に、それも遥かインドから運ばれた胡椒が、相当量、ローマ帝国には出回っていた可能性があることは、驚くべきことと言わねばならないだろう。

胡椒は都ローマのみならず、帝国各地に広く行き渡っていた。胡椒の実物は、その主たる輸入港であったエジプトのベルニーケーやミュオス・ホルモスからは言うまでもなく、ドイツのライン川近くのシュトラウビング、ハーナウ、ビースハイム、オーバーラーデンの遺跡でも見つかっている。これらライン川近くの遺跡は、いずれもローマ軍の駐屯地、あるいはそれに関係する場所であるので、軍関係者が購入していたと推察できる。同じく軍の駐屯地であったドイツのトリーアからは、胡椒を入れていた容器につけられていた鉛製のラベルも見つかっており、ラベルには胡椒が八リブラ（約二・六キロ）入っている旨が書かれていた。

ブリテン島の北部、ハドリアヌスの城壁沿いの城塞の一つウィンドランダからは、一世紀から二世紀にかけての木簡が数多く出土するが、そのひとつ、二世紀初めの木簡には、一兵士が二デナリウス分の胡椒を買ったとの記録もある。プリニウスの時代の価格では、一リブラで一六セステルティウスであったので、価格が上昇していなければ、八セステルティウス出せば、少なくとも一六〇グラムほど買えたことになる。兵士の給与は、二世紀には、プリニウスの時代よりも上がって、手取り月収は六五セステルティウスほどになっていたので、月収の八分の一ほどで胡椒を買うことができたのである。

絹

絹は、『エリュトラー海案内記』によれば、「ティーナと呼ばれる非常に大きな内陸の都市（蔀勇造訳）」からインドの交易地であるバリュガザやムージリス、ネルキュンダへともたらされていた。

北インドのバリュガザへは、「バクトラを経由して陸路で（同訳）」、マラバール海岸のネルキュンダやムージリスへは、「ガンゲースを通じて（同訳）」もたらされていた。ここで言及される「バクトラ」は、現在のアフガニスタン北部のバルフに当たる。『エリュトラー海案内記』の時代には、クシャーナ朝の支配下にあった。このバクトラから東に向かえば、タリム盆地に入り、中国の長安が視野に入ってくる。一方、「ガンゲース」は、ガンジス川河口のベンガル湾周辺の交易地のことで、この辺りへは絹はチベット、あるいは雲南を経由して来ていたと推定されている。

絹の出どころであるティーナは、日本語のシナや英語のチャイナなどと同じく、明らかに始皇帝の「秦」に由来する言葉で、中国を指しているのは疑いない。

一方で『エリュトラー海案内記』の著者は、バルバリコンからの輸出品として「セーレスの毛皮、布、絹糸（同訳）」を挙げている。このセーレスという言葉は、中国語で絹を意味するseないしseiの音に由来するとされており、中国人だけでなく、絹を扱っていた東方の人を広く指していた。プリニウスは、セーレスは背が高く、亜麻色の毛髪と青い目をしていたと書いているが、これはおそらくタリム盆地にいたイラン系の住人を指していると考えられている。『エリュトラー海案内記』の著者が、ティーナとセーレスの関係をどう考えていたのかは定かではないが、少なくともプリニウスは、ティーナという言葉は知らず、セーレスの語しか知らなかったようである。

さらに、プリニウスは、絹は森に生える植物の葉から作られていると思っていた。その製法について、プリニウスは「彼らは葉を水につけた後、その白い綿毛を梳《す》き取る。そしてわが国の婦人たちに、その繊維をほぐし、さらに織り合わせるという二重の仕事を与える。ローマの貴婦人が、人中ですき透った衣服をひけらかすためには、そんなにさまざまな労力が必要であり、世界のそんな遠いところにあるのだ（中野定雄他訳）」と言っているのである。詩人のウェルギリウスも「支那人が葉から細い毛の房を梳き取る（小川正廣訳）」とその『農耕詩』の中でうたっており、プリニウスと同じ理解を示している。

いずれにしても、絹は、ティーナあるいはセーレスと呼ばれた東方遥かな地域からローマ帝国にもたらされたものであった。そして、中国の絹も、胡椒と同じく、アウグストゥスの時代以後、急速にローマ人の間に広まっていった。詩人のティブルスやプロペルティウスは、絹の衣装にしばしば言及し、その透けるような薄さを強調する。

ただし、アウグストゥスの時代の詩人たちは、この絹を「コス島の衣服」と呼んでいた。コス島というのは、エーゲ海南東のトルコの沖合にある島で、前四世紀の哲学者アリストテレスの伝えるところでは、この島にはボンビュリオスと呼ばれるカレハガ科の蛾《が》がおり、この野生の蛾の繭《まゆ》を解きほぐして糸が紡がれ、布が織られていた。しかし、詩人たちの言及する絹は、その「薄い」という性質から考えて、質の悪かったと考えられるコス島産ではなく、明らかに中国産である。仮に、詩人たちの絹がコス島産のものであったにしても、コス島産の絹についての言及は、彼らアウグストゥス帝時代の詩人たちを最後に消えてしまう。良質な中国産に圧倒されたのであろう。

そして、早くも二代皇帝ティベリウスの治世の一六年には、「絹の衣服は、男が着て身を汚してはならない（国原吉之助訳）」との禁令が出された。絹は、その光沢や、肌触りのなめらかさから、男性にとってふさわしいものではないとみなされるようになっていたのである。

しかし、ティベリウスの後を継いだ暴君カリグラ帝は、「ときには絹の着物にけばけばしい女の外衣を羽織って（同訳）」、公然と人々の前に姿を現したとされる。このことを伝えるスエトニウスは、この格好を、祖国のものでもなく、市民としてふさわしいものでもなく、また男らしいものでもないと批判している。

ティベリウスの禁令やスエトニウスの記述は、裏から読めば、絹には、いずれも否定的な意味で、「外国」、「ローマ市民らしからぬ」、「女」というレッテルが貼られていたことになる。絹に対するこのような認識は、ローマ社会に浸透していき、四世紀末に書かれたとされるローマ皇帝の伝記集『ローマ皇帝群像』では、絹の衣服は善帝と悪帝のバロメーターとして機能するようになる。すなわちコンモドゥス帝やエラガバルス帝のような悪帝は絹の衣服を着、これに対してアレクサンデル・セウェルス帝のような善帝はそれをまとうことを控えたとされるのである。キリスト教の教父たちも絹の衣服については、否定的な態度を取っていた。

　絹は、贅沢の象徴でもあり、価格は非常に高かった。プリニウスは、絹の衣服を真珠やダイヤモンド、エメラルド、ナルドスなどと並んで、この地上が生み出す最も高価なものに数えており、プリニウスと同時代の詩人マルティアリスも、「第一級の絹」を同じくエメラルド、赤瑪《あかめ》瑙《のう》、ナルドスなどと並列して、高級品の最たるものとして挙げているのである。

　三世紀の軍人皇帝時代のアウレリアヌス帝の治世には、絹一リブラ（約三二七グラム）が金一リブラに等しかったとの話もあるが、より具体的な価格は、四世紀初頭の最高価格令から知ることができる。最高価格令は、インフレによる価格高騰を抑えるため、ディオクレティアヌス帝が出したもので、それによれば、染色されていない生の絹は四万八〇〇〇セステルティウス、緋色に染められた絹は、一桁上がって六〇万セステルティウスであった。同じ最高価格令は、農業労働者の日当の上限を食費込みで一〇〇セステルティウス、大工は食費込みで二〇〇セステルティウスと定めているので、生の絹を買うために、農業労働者は四八〇日、大工は二四〇日働かなければならなかったことになる。

　さらに、六世紀の歴史家プロコピウスは、絹一ポンドゥス（約三二六グラム）が八ソリドゥスしたと伝えており、八ソリドゥスは黄金にして三六グラムに相当する。現在、金は一グラム七〇〇〇円ほどであるので、八ソリドゥスは、二五万二〇〇〇円である。ディオクレティアヌスやプロコピウスの時代の絹は法外に高い。それは、おそらくディオクレティアヌスの治世はシルクロード交易がどん底に落ち込み、またプロコピウスの時には、ローマ帝国はササン朝ペルシアの商人を介して絹を買うようになっていたがために、値段が高騰した結果であると考えられる。これらの点については後章でより詳しく説明しよう。

交易の形態と貨幣の役割

シルクロードの交易は、ほとんどの場合、物々交換でなされていた。

というのも、『エリュトラー海案内記』では、明らかに貨幣が通貨として利用されている事例が三か所しかないからである。

ひとつは、東アフリカのアドゥーリであり、ここには「外国人居留者のための少量のローマ貨幣（蔀勇造訳）」が持ち込まれていた。「外国人居留者」とはアドゥーリ在住のローマ帝国の商人のことで、彼らとの取引にはローマ貨幣が用いられたのである。「向こう側」の交易の地のひとつマラオーにも「少量のローマ金・銀貨（同訳）」が輸出されたとされているが、用途はアドゥーリと同じく、現地のローマ帝国商人との取引のためであったと考えられる。三か所目は北インドのバリュガザであり、この港への輸出品には「現地の通貨と交換していくらかの利益の上がるローマ金・銀貨（同訳）」が挙げられている。詳細はよく分からないが、そのままローマの金銀貨で現地の商品を買うよりも、現地の通貨に両替をしてから買ったほうが得だったのだろう。

一方で、南アラビアのムーザへは「十分な量の貨幣（同訳）」が、北インドのバルバリコンへは「貨幣（同訳）」が、また南インドのムージリスとネルキュンダには「極めて多量の貨幣（同訳）」が輸出されていたが、これらはおそらく通貨としてではなく、物々交換のための金銀塊として輸出されていたと考えられる。

南インドには「極めて多量の貨幣」が持ち込まれていたと言うだけあって、現にインド亜大陸全体から出土する銀貨の七〇パーセント以上、金貨の九〇パーセント以上がこの南インドで発見されている。これに対して、インド北部では金貨や銀貨の出土例が少ない。その原因としては、インド北部を支配したクシャーナ朝が後に自国の金貨を鋳造する際に、ローマの金貨を集めて再利用したからであるとされることが多い。しかし、この解釈では、銀貨の少なさまでは説明できないので、疑問が残る。おそらく、単に北インドへ持ち込まれた金銀貨が少なかっただけなのであろう。

インド亜大陸で発見される金銀貨については、年代的な偏《かたよ》りもある。実は、そのおよそ三分の二が、ネロ帝以前のユリウス・クラウディウス朝期（前二七〜後六八年）のものなのである。この現象が何を意味するのかを巡っては論争があり、有力な解釈としては、この時期が実際にローマ帝国のシルクロード交易のピークで、ネロ帝治世以後は、交易が衰退したことを示しているとするものがある。

しかし、金銀貨が、貨幣としてではなく、金銀塊と認識されていたとするならば、別の説明も可能である。ネロ帝は、六四年に通貨改革を行い、貨幣に含まれる金銀の含有量を、金貨は四・三パーセント、銀貨は一一パーセント減じている。したがって、ネロ帝以後の金銀貨の出土量が少なくなるのは、交易量が減少したためではなく、価値を減じた金銀貨に代わって、金銀塊そのものが輸出されるようになったためであろう。

近世ヨーロッパとの類似

以上のように、ローマ帝国は、ガラス器、葡萄酒、珊瑚、金銀貨、さらには衣類、金属や金属器などのいわば加工品、もっと言えば実用的な工業製品を輸出して、代わりに東アフリカや南アラビアからは乳香や没薬などの香料を、インドからは胡椒をはじめとする香辛料や様々な香料、薬種、宝石などを、さらにはこのインドを介して中国から絹を、主に物々交換で輸入していたのである。

このような輸出輸入品目の傾向は、近世ヨーロッパ諸国でアジア貿易を独占的に行った東インド会社の取り扱ったものと驚くほどよく似ている。東インド会社も、毛織物や、銅、鉄、鉛などの金属、また珊瑚や宝石などを用いた宝飾品、とりわけ新大陸からもたらされた銀をインドや中国に輸出し、代わりに香辛料、綿織物、茶、陶磁器などを輸入していたからである。ヨーロッパとアジアの自然環境が変わらないのであるから、このことは当然と言えば当然なのであるが、ヨーロッパがアジアの物産を長い歴史を通じて常に求めてきたことに改めて気づかされるであろう。

そして東インド会社の交易を語る際には、必ずと言ってよいほど、ヨーロッパはアジアで売れる物産をあまり持たなかったので、わざわざ新大陸から銀を運んで交易していたと指摘される。ローマ帝国のシルクロード交易についても、同様の指摘がしばしばなされ、ローマ帝国も売るものがなかったため、仕方なく金銀貨を大量に輸出していたと考えられてきたのである。しかし、先に見たように、ローマ帝国のガラス器や葡萄酒は、インドでは好まれていたようであり、決して適当な輸出品がなかったわけではない。

金銀貨の輸出量についても、たとえインドに年間五〇〇〇万セステルティウス分が輸出されていたとしても、年間一二〇隻がインドに出帆していたならば、一隻の船倉に占める金銀貨の割合は一パーセントに満たず、その他の九九パーセント以上の空間は葡萄酒などその他の商品で占められていたはずであり、金銀貨が輸出品の主力であったのではないだろう。

またローマ帝国のシルクロード交易は、その輸入品のほとんどが奢侈《しゃし》品《ひん》とみなされてきたため、交易の意義そのものも軽視される傾向にあった。しかし、奢侈品は利益率が高く、莫大な富を生み出す側面があったことも忘れてはならない。他方で、従来奢侈品とみなされてきた乳香や胡椒などは、ローマ人の生活に深く入り込んでおり、もはや奢侈品とは言い難いものとなっていた。その背景には、その輸入量が相当なものであったという事情があり、この点を突き詰めていくならば、シルクロード交易がローマ帝国にとって有した意義もまた考え直す必要が出てくるのである。

第二章　シルクロードがもたらしたローマ帝国の繁栄

「ローマの平和」とシルクロード交易の開始

前章で見たように、胡椒や絹のようなシルクロードの物産がローマ帝国の社会に浸透し始めるのは、初代皇帝アウグストゥスの治世（前二七〜後一四年）であった。この事実は、シルクロード交易自体がアウグストゥスの治世に本格的に始まったことを示唆しているが、実際にそうであったことを地理学者のストラボンが証言している。

ストラボンはその『地理誌』において「（アウグストゥスの時代には）ミュオス・ホルモスからインドへ一二〇隻もの船が航海していた。かつてプトレマイオス諸王の治世には、きわめて少数が航海を敢行し、インド産の品を商っていたにすぎなかった（飯尾都人《くにと》訳）」と言い、また別の個所では、「すくなくとも、以前にはアラビア湾を乗り切って海峡より外側をあえて窺おうとするほどの船は二〇隻までもなかったが、今日ではインド方面やエチオピアの（東）端の地域にまで、しかも大船団を組んで派遣されている。そして、これらの目的地から高価この上もない貴重な船荷をエジプト地方へ運び、さらにここからふたたびエジプト以外の諸地域へ輸出する（同訳）」と述べているのである。ストラボンは、アウグストゥス治世の前二六年頃にエジプトに一時滞在していたので、これは実際の目撃証言なのである。

アウグストゥスの治世に、シルクロード交易が急激に勃興したのは偶然ではない。それは、アウグストゥスによって前三〇年にエジプトが征服され、これを機に「ローマの平和」が到来したからであった。このエジプトの征服は、ローマからインドへの直接の道を開くものであったと同時に、政敵アントニウスとこれと手を組んだプトレマイオス朝の女王クレオパトラに対するアクティウムの海戦での勝利の結果としてもたらされたものであったため、地中海世界の統一とローマ共和国の内乱の終結をも意味したのである。平和が交易にとって不可欠であるのは言うまでもない。平和なくしては、交易路の安定は確保されず、また人々の購買力・購買意欲も上向きにはならないからである。

禁令と嘆き

アウグストゥスの治世に急激に勃興したシルクロード交易は、その治世を通じて進展し続け、序章で言及したように、早くも二代皇帝ティベリウスの治世（一四〜三七年）には、海外へのお金の流出を憂慮し、さらに絹の衣服を男性が着てはならないとの禁令が出されねばならない状況になっていた。

ティベリウス帝の憂慮や禁令にもかかわらず、シルクロード交易を通じた東方の物産の輸入は留まることを知らなかった。プリニウスが七〇年代の後半に、依然として多額の貴金属貨幣の流出を嘆いていたことも、序章でみたとおりである。重要な記述であるので、煩をいとわず引用しておこう。

「インドと中国とアラビア半島は、もっとも少なく見積もって、一億セステルティウスを毎年、われわれの帝国から奪っている。贅沢と女性が我々からこれほどの金額を失わせるのである。」

「注目すべきことに、インドは、われわれの帝国から毎年、五〇〇〇万セステルティウス以上を吸い上げ、われわれのもとに一〇〇倍の値の付いた商品を送ってくる。」

しかしながら、ティベリウスの憂慮やプリニウスの嘆きは、女性の贅沢のためにお金が費やされることを、質実剛健を理想とする保守的なローマ人の立場から、道徳的に批判しているにすぎないのであり、シルクロード交易が帝国にとって害悪でしかなかったかのような彼らの評価を額面通りに受け取るのは禁物である。

莫大な関税収入

なぜならば、ローマ帝国は、外国との交易に際しては、二五パーセントもの高額の関税をかけていたので、実際には、交易が進展すればするほど、関税収入は増えて、帝国は儲かる仕組みになっていたからである。

関税収入がローマ帝国に相当な収益をもたらしていたことは、ストラボンが、ローマ人はブリテン島を占領する能力があるが、そうしないのは、占領した場合、ブリテン島との交易を通して入ってくる関税が失われてしまうからである、と述べていることからも知ることができる。つまり、ストラボンの考えでは、ブリテン島を占領した場合は、軍を配備しなければならないが、ブリテン島から上がると予想される税収から、この軍の費用を引いた実利となる税収は、関税額に及ばないということになるのである。

ブリテン島のような、とりたてて産物のないような地域との交易で入ってくる関税でも、ストラボンの言うように、それなりの額に上ったのであるから、シルクロードを通じた交易のあった東方からの関税が相当な額になっていたであろうことは容易に想像できることである。

そして、一九八〇年代に公刊された一枚のパピルスから実際に明らかになったその具体的な数字は、想像をはるかに超える高額なものであった。

このパピルスは、オーストリア国立図書館が業者から購入したもので、正確な出土地は不明であるが、エジプトから出たものであることは疑いない。書かれた年代は二世紀半ばと推測されている。パピルスの表面と裏面には共に、ギリシア語が書かれていた。

一部に欠損があるものの、表面には、エジプトのアレクサンドリアと南インドのムージリス間の交易に必要な資金の貸付に際しての契約が記されていた。そのためこのパピルスは、「ムージリス・パピルス」と呼ばれている。一方、裏面には、関税が支払われた後の船の積み荷の量とその価格が記載されていた。船の名は、ヘルマポロン号という。まず問題にしたいのは、裏面のほうである。

「ムージリス・パピルス」の裏面によると、ヘルマポロン号には、ガンゲース（ガンジス川流域）産ナルドス、象牙、マラバトロン、そして胡椒などが積まれており、積み荷の総額は、約六九〇万セステルティウスであった。これは二五パーセントの関税が支払われた後の金額であるので、もともとの商品の総額は、九二〇万セステルティウス相当であった。

したがって、その関税額は、その差額の二三〇万セステルティウスほどになる。仮に、ストラボンが伝えるように、年間一二〇隻の船がインドへ赴いていたとするならば、輸入関税だけで、二億八〇〇〇万セステルティウスほどの収入が国家に入ってきたことになるのである。

さらに、ローマ帝国は、輸入だけではなく、輸出に際しても二五パーセントの関税をかけていた。輸出の額については具体的な数字は知られていないので、推測するしかないが、プリニウスは「一〇〇倍の値の付いた商品」が送られてくると言っていたので、逆に考えれば、九二〇万セステルティウス分の商品を買い付けるのにかかる額は、その一〇〇分の一の九万二〇〇〇セステルティウスとなり、これが船一隻の輸出額と考えられる。同じくこの九万二〇〇〇セステルティウスを一二〇倍すると、年間のインドへの輸出額は、一一〇〇万セステルティウスほどになる。しかし、この数字では、プリニウス自身が同時に言う、インドが年間五〇〇〇万セステルティウスを帝国から吸い上げていたという数字と大きく齟齬《そご》する。さらに、この五〇〇〇万セステルティウスは、おそらく貴金属貨幣の額のみを指していると考えられるので、実際には、貴金属貨幣に加えて、葡萄酒やガラス器などのその他の輸出商品の価格を考慮すると、その差はいっそう大きくなる。

プリニウスとは異なり、『後漢書』「西域伝第七十八」は、大秦国（ローマ帝国）が「安息（パルティア）、天竺（インド）と海中にて交市し、利は十倍有り（吉川忠夫訳）」と記述しており、「利は十倍」であれば、輸出額は一億一〇〇〇万セステルティウスほどになるので、今度は五〇〇〇万セステルティウスを大きく超えるが、しかしインド、中国、アラビアに流れたとする年間一億セステルティウスという数字には近くなる。おそらく利益一〇〇倍とするプリニウスよりも、「利は十倍」とする『後漢書』の記述のほうが真実に近いのであろう。ここでは、輸出関税は、一億一〇〇〇万セステルティウスの二五パーセントである二八〇〇万セステルティウスほどと推定しておきたい。

　これら輸出入の関税を合計すると、年間、三億八〇〇万セステルティウスの収入がローマ帝国に入っていたことになる。この数字でも、かなりの額であるが、ここで前提としている一二〇隻という数字は、エジプトのミュオス・ホルモス港のみの、それもインドに向かった商船だけの数字であることを忘れてはならない。

　エジプトの他の港やインド以外の南アラビアや東アフリカへ行った商船、さらにはエジプト以外の、例えばシリア方面から上がってくる関税を加えるならば、東方からの関税収入の総額は、三億八〇〇万セステルティウスを優に超えたはずである。現に、シリア方面からの関税も、二世紀には九〇〇〇万セステルティウスあったとの記録もある。

さらに、エジプトから他の属州へ商品を持ち出すと、その際にも二・五パーセントの属州間関税がかかった。ヘルマポロン号の商品六九〇万セステルティウス分をすべてエジプト外に持ち出したとするならば、属州間関税が一七万セステルティウスほどかかることになり、これもまた一二〇倍するならば、年間二〇〇〇万セステルティウスほどになる。

ここでは以上の東方のシルクロード交易を通して入ってくる関税収入の総額を、分かりやすく、四億セステルティウスであったとして、以下の話を進めたい。では、四億セステルティウスとは、いったいどれほどの金額だったのであろうか。

シルクロードが支えた国家予算

スエトニウス『ローマ皇帝伝』によれば、ユリウス・カエサルが前一世紀に征服したガリア、すなわち現在のフランスを中心とする地域に課した税額は、年間四〇〇〇万セステルティウスであった。プルタルコスは、『英雄伝』において、同じく前一世紀にポンペイウスがシリアやパレスティナを征服した際に、国家の収入は、一億四〇〇〇万セステルティウス増えたとしている。それ以前のローマの収入は、二億セステルティウスであった。
これも前一世紀の事例であるが、プトレマイオス一二世治下（在位前八〇～前五八年、前五五～前五一年）のエジプトの収入は、ストラボンによれば、三億セステルティウスであった。これらの数字を見るならば、四億セステルティウスがいかに莫大な額であるか、お分かりいただけるであろう。それは、一つの国家、あるいはローマ帝国の数属州分もの税収に匹敵する額であったのである。

　四億セステルティウスという額を、今度は、ローマ帝国の国家予算と比較してみよう。英国の学者Ｒ・ダンカン＝ジョーンズは、一五〇年頃のローマ帝国の国家予算を八億三〇〇〇万～九億八〇〇〇万セステルティウスと見積もっているので、四億セステルティウスというのは、国家予算の五割から四割に相当する額であった。

　このローマ帝国の国家予算の内訳は、軍事費が六億四〇〇〇万～七億セステルティウス、官僚の給料が七五〇〇万セステルティウス、兵士や市民への下賜金が四四〇〇万セステルティウス、建築費が二〇〇〇万～六〇〇〇万セステルティウス、そしてその他の支出が五〇〇〇万～一億セステルティウスであった。したがって、四億セステルティウスの関税収入があれば、支出の七割から八割ほどを占める軍事費のかなりの部分を賄《まかな》えたとも言えるのである。

ローマ帝国の国家予算は、二一五年頃には、一四億六〇〇〇万～一六億一〇〇〇万セステルティウスにまで増加する。これは、主に軍事費が一〇億一〇〇〇万～一〇億二〇〇〇万セステルティウスになって、大幅に増えたことに由来するが、それでも四億セステルティウスは、国家予算の三割から四割ほどには相当する額であったことになるのである。

商人たちの得た利益

シルクロード交易で利益を得ていたのは、国家だけではない。それに携わる商人たちもそうであった。

やはりムージリス・パピルスを手掛かりに考えてみよう。ヘルマポロン号がインドから持ち帰ってきた商品の総額は、九二〇万セステルティウスであった。ここからまず関税が二三〇万セステルティウス引かれるので、六九〇万セステルティウスが商人の手元に残ることになる。純利益を考えるためには、次に仕入れ値が問題になるが、先に検討した通り、さしあたり「利は十倍」としておくと、それは九二万セステルティウスとなる。この九二万セステルティウスには、輸出関税が二五パーセントかかった。輸出関税額は、二三万セステルティウスである。六九〇万セステルティウスからこの仕入れ値と輸出関税を引くと、利益は五七五万セステルティウスとなる。

　さらに、ここから商品の往復の輸送費が引かれる。往路は、輸出商品がどこから運ばれてくるかにもよるが、最低でもアレクサンドリアからコプトスまでのナイル川の川上輸送費、コプトスから紅海の港までのラクダを利用した陸上輸送費、インドまでの海上輸送費がかかってくる。復路については、商品はほとんどアレクサンドリアで売却されたと想像されるので、アレクサンドリアまでの輸送費だけを考えればよいということになろう。

　また輸送費については、輸送される商品のかさや重量によっても大きく変わる。ここでローマ帝国の輸出輸入品を思い起してもらう必要がある。輸出品は、主に衣類、ガラス器、金属および金属器、金銀貨、そして葡萄酒で、輸入品は香料、薬種、香辛料、象牙、宝石、そして絹などであった。要するに輸出品は、葡萄酒を初め、かさばって重いものが多く、輸入品は、かさばらず、重量も軽いものが多かったのである。したがって、輸送費は復路よりも、往路のほうが高くなったはずである。さらに、復路については、税率は分からないが、商品を港に荷揚げした際の港湾税とエジプト東部砂漠を通過する時の通行税のようなものもとられていた可能性がある。

加えて、ヘルマポロン号の場合は、ムージリス・パピルスの表面が示すように、元手となる資金の貸付を受けているので、借りたお金の利息もかかってくる。ただし、商船自体は自前で所有していたようである。また商船には、商人以外にも、船員や船を修理するための大工や海賊対策としてガードマンも乗り込んでいた。その人数は、二五〜五〇名ほどであったと推定されている。航海の期間は、往復で一年ほどはかかったので、その間の彼らの人件費も必要であった。

交易先の港においても様々な課税があったと想定されるが、『エリュトラー海案内記』にもこの点については言及がなく、全く不明である。

輸送費以下の諸経費の具体的な額は分からないのであるが、たとえ七割が経費であったとしても、一度の交易で、一七二万セステルティウスほどの利益は出たことになる。当時、ローマ帝国の最高の身分である元老院議員になるための財産資格が一〇〇万セステルティウス以上であったので、極端に言えば、一度インドに赴いて交易すれば、元老院議員になる財産資格を優に超える金額を得ることができたことになるのである。

しかし、商人たちは、資金を複数人で借りるのが普通であったようである。時代はローマ帝国以前に遡ってしまうが、前二世紀前半のプトレマイオス朝時代のエジプトで書かれたある資金貸付の契約書では、資金を借りた商人は五人であった。村川堅太郎は、このプトレマイオス朝時代のパピルスを手掛かりに、『エリュトラー海案内記』の著者も、やはり複数で資金を借りて交易を行っていた商人であったと推定している。

一対一の契約として書かれているムージリス・パピルスについても、借り手の商人は実際には複数おり、そのうちの一人が代表して契約を結んでいたと考えられているのである。したがって、一七二万セステルティウスが一人の利益になったわけではなく、その何分の一かが手に入ったにすぎない。しかし言い方を変えれば、複数回インドへ航海に出れば、一〇〇〇万セステルティウスを手に入れることは、十分可能であったということなのである。

四世紀末に書かれたとされる『ローマ皇帝群像』には、アウレリアヌス帝（在位二七〇～二七五年）に反旗を翻《ひるがえ》し、処刑されたフィルムスなる人物が登場する。フィルムスは、アレクサンドリアの裕福な商人で、インドに商船をしばしば派遣していたとされている。このフィルムスについては、ガラスで家を飾り、三メートルほどの長さの象牙を二本持ち、ダチョウ一羽を一日で食べ、ワニの油を体に塗ってワニの間を泳いだ、などといった信じられない話が『ローマ皇帝群像』には書かれており、実際、フィルムスの実在については相当に疑わしいのであるが、しかし、このような富裕なシルクロード交易に携わる商人がローマ時代に存在したこと自体は確かなことであろう。

富は、シルクロードの商品を扱う末端の商人にももたらされていた。絹商人が富裕であったことは、三世紀初めのローマ市の絹商人マルクス・アウレリウス・フラウィウスなる者が高価な大理石製の墓碑を残していることからも推察することができるが、二世紀後半のマルクス・アウレリウス帝治世に生きた絹商人アウルス・プルティウス・エパフロディトゥスなどは、自身の出身都市である中部イタリアのガビイ市に私財で女神ウェヌスの神殿を建てたことが碑文史料から知られている。エパフロディトゥスは、神殿の建物だけでなく、青銅製のウェヌス像や祭壇なども寄贈し、神殿が奉献された日には市の有力者に祝儀を配り、市自体にも四万セステルティウスを寄付したのである。

都市富裕者たちの帝国

以上のように、シルクロード交易は、ローマ帝国にとっても、それに携わる商人にとっても、非常な利益をもたらすものであったのであり、その富は帝国の繁栄とも結びついていたように思われる。

だが、そもそもの問題として、ローマ帝国の繁栄とは、具体的には何を意味するのだろうか。この問題を考えるためには、ローマ帝国がどのような国家であったのかを知らなければならない。そして、それは一言で言えば、都市の集合体であったのである。

ローマ帝国時代の都市は、城壁に囲まれた市街地とそれを取り巻く農村地帯から成っており、そこでは市民による自治が行われていた。市長や市議会議員に当たる役職は、選挙で選ばれていた。徴税も都市単位で行われていた。都市は、単なる人口密集地ではなく、農村地帯を含めた一定の領域を支配する地方行政組織であったのである。

都市の規模は大小様々で、最盛期に人口一〇〇万を超えたとされる巨大都市ローマから、ヴェスヴィオ火山の噴火で七九年に埋没したイタリアのポンペイのように人口一万二〇〇〇人ほどの中小の都市まであったが、その数は帝国全土で二〇〇〇に及んだとされている。ローマ帝国の繁栄とは、これら帝国の細胞とも言うべき、都市の繁栄に他ならなかったのである。

これらの都市の繁栄を象徴するのは、何よりも、都市を飾る列柱道路や公共浴場、劇場、神殿や図書館、闘技場などの立派な公共建造物であり、上下水道や舗装道路などのインフラであり、折々に催される剣闘士競技などの盛大な見世物である。都ローマで、これらを提供したのは主に皇帝であったが、地方の諸都市においては、それぞれの都市の富裕者が私財の自発的施与《せよ》を通してその役割を果たした。先に言及した絹商人エパフロディトゥスは、その典型である。

都市の自治に関わる役職も無給であったので、政治活動への参画もまた富裕者による一種の自発的施与行為であった。このような富裕者層による自発的施与行為は、彼らがしばしば善行者（エウエルゲテス）と呼ばれ、讃えられたことから、現在の研究者は、これをエヴェルジェティズムと呼んでいる。

都市の富裕者の中でも、特に富裕な者は騎士、さらには元老院議員へとその身分を上昇させていったが、彼らは自身の出身都市をエヴェルジェティズムを通して、私財で飾り続けた。

なお、騎士というのは、本来はその名の通り、騎乗で戦う戦士を意味したが、ローマ帝国の時代には、単なる富裕者を指すようになっていた。騎士は、その身分になるための財産資格が元老院議員と異なっているにすぎなかった。元老院議員の財産資格が一〇〇万セステルティウス以上であったのに対して、騎士の財産資格は四〇万セステルティウス以上であった。騎士は元老院議員と並ぶ帝国の最高クラスの富裕者であったのである。

小プリニウスの収入と「善行」

二世紀に活躍した元老院議員のひとりに小プリニウスがいる。小プリニウスは、これまでたびたび本書で登場してきた『博物誌』の著者プリニウスの甥である。ちなみに、叔父の博物学者のプリニウスのほうは騎士であり、七九年のヴェスヴィオ火山の噴火で命を落とすが、その時の役職はミセヌムに駐留した艦隊の司令官であった。小プリニウスのほうは、『書簡集』を残したが、そこには彼の行ったエヴェルジェティズムが詳細に記録されている。

小プリニウスは、出身都市であった北イタリアのコムム市（現コモ市）に、図書館建造のための一〇〇万セステルティウスとその運用費用一〇万セステルティウスを、また貧しい子供の養育費として五〇万セステルティウスを、その他にも四〇万セステルティウスを寄付するなどしている。小プリニウスは、コムム市の他に、自身の地所のあった中部イタリアのティフェルム・ティベリヌム市にも、皇帝を祀る神殿を建て、落成の日には市民に饗宴を提供している。このような公共に対して施与された金額は、小プリニウスの生前に、一六〇〇万セステルティウス以上に及んだと推計されている。

さらに小プリニウスは、友人らへの私的な援助もしばしば行っており、それらの額も合わせると、公的私的施与の総額は二三〇〇万セステルティウス以上になった。元老院議員だけあって、絹商人のエパフロディトゥスなどとは同じ富裕者とはいえ、比較にならない施与の額である。

では、小プリニウスは、なぜこれほど気前よく、施与を行うことができたのであろうか。大前提として、まずそれなりの収入がなくてはならないが、小プリニウスの収入についてもシルクロード交易とのつながりがあった可能性を考えてみたい。

小プリニウスの富の主たる出どころは、イタリアの地所から上がる年間一〇〇〇万セステルティウスほどの小作料であった。また小プリニウスは、金貸しもしていたので、その利子が年間一〇〇万セステルティウスほどあったと推定されている。

これだけ見れば、シルクロード交易とは何の関係もない。しかし、地所で小作人が栽培していたのは、葡萄と小麦であり、葡萄は葡萄酒となって東方に輸出されていたとしてもおかしくはない。一方、資金の貸付先は明らかではないが、これもシルクロードの商人に貸し出されていた可能性は排除できない。元老院議員は、大型の船の所有を禁じられていたため、直接的にシルクロード交易に携わることはできなかったのであるが、資金貸付の形で間接的に関わることはできたのである。

このように考えるならば、小プリニウスの富は、直接的、間接的にシルクロード交易と関わっており、それがエヴェルジェティズムを通して、都市の繁栄、さらには帝国の繁栄に繋《つな》がっていたと考えることもできるだろう。シルクロード交易は、インドやアラビアに直接赴いた商人だけが関わる話ではなく、商品を小売りする商人にも、葡萄酒やガラス器をはじめとする輸出品を生産する者たちにも、それらを輸送する業者にも、さらには資金提供者にも関係していたのであり、帝国の相当広範な人々にその影響を及ぼすものであった。

シルクロード交易に関わった上層部

もっとも小プリニウスとシルクロード交易の関係は、思考実験のレベルに限りなく近い話なのであるが、小プリニウスの他にも、帝国の最上層に近い者たちがシルクロード交易に関係していたことが分かっている。ここでは二例紹介しておこう。

ひとりは、マルクス・ユリウス・アレクサンデルである。この人は、アレクサンドリアの裕福なユダヤ人商人で、ベルニーケーとコプトスに代理人を置いて、彼らを介してシルクロード交易を行っていたことが知られている。アレクサンデルは、六〇年代にエジプト総督を務めた騎士のティベリウス・ユリウス・アレクサンデルの兄弟であり、著名なユダヤ人哲学者フィロンの甥でもあった。

二例目は、アンニウス・プロカムスなる騎士で、「紅海の税」の徴税人である。博物学者のプリニウスは、この人物の解放奴隷がアラビアの沖合を航海中に嵐に遭い、スリランカに流され、現地の王にローマの銀貨を見せたところ、関心を持たれ、スリランカの王は解放奴隷をローマに送り返す際に、ローマ皇帝クラウディウス（在位四一〜五四年）への使節を伴わせたとの話を伝えている。プロカムスの解放奴隷がなぜアラビアの沖合を航行していたのかはプリニウスは記していないが、主人の意を受けてシルクロードの交易に携わっていたというのが自然な解釈であろう。

なお、プロカムスの父親、あるいは祖父と思われる者の解放奴隷が紀元後六年にナイル川と紅海を結ぶルート上で落書きを残しており、プロカムス家がクラウディウス帝の時代以前からシルクロード交易に携わっていたことも知られている。プロカムス家は、イタリアの港町プテオリの出で、町の有力者でもあった。

同様に、イタリアの出で、シルクロード交易に携わっていた家には、ペティキウスという家もあった。ペティキウス家は、南イタリアのアプリアに由来し、もともとエジプトからの小麦の輸入業をしていたが、北アフリカへの葡萄酒の輸出業にも手を広げ、さらにインドにまでその葡萄酒輸出業を行うに至っていた。ペティキウス家の墓所からは、葡萄酒の入ったアンフォラ（陶器の壺）を積んだラクダのレリーフも出土している。これは、おそらくナイル川と紅海の間のエジプト東方砂漠での一シーンであろう。

アレクサンデルやプロカムスもエヴェルジェティズムを行っていた可能性は高いが、確認はできない。シルクロード交易と都市の繁栄が明確なのは、シリアの隊商都市パルミラである。

隊商都市パルミラ

パルミラは、シリア砂漠のど真ん中に位置するオアシス都市で、古くはタドモルの名で

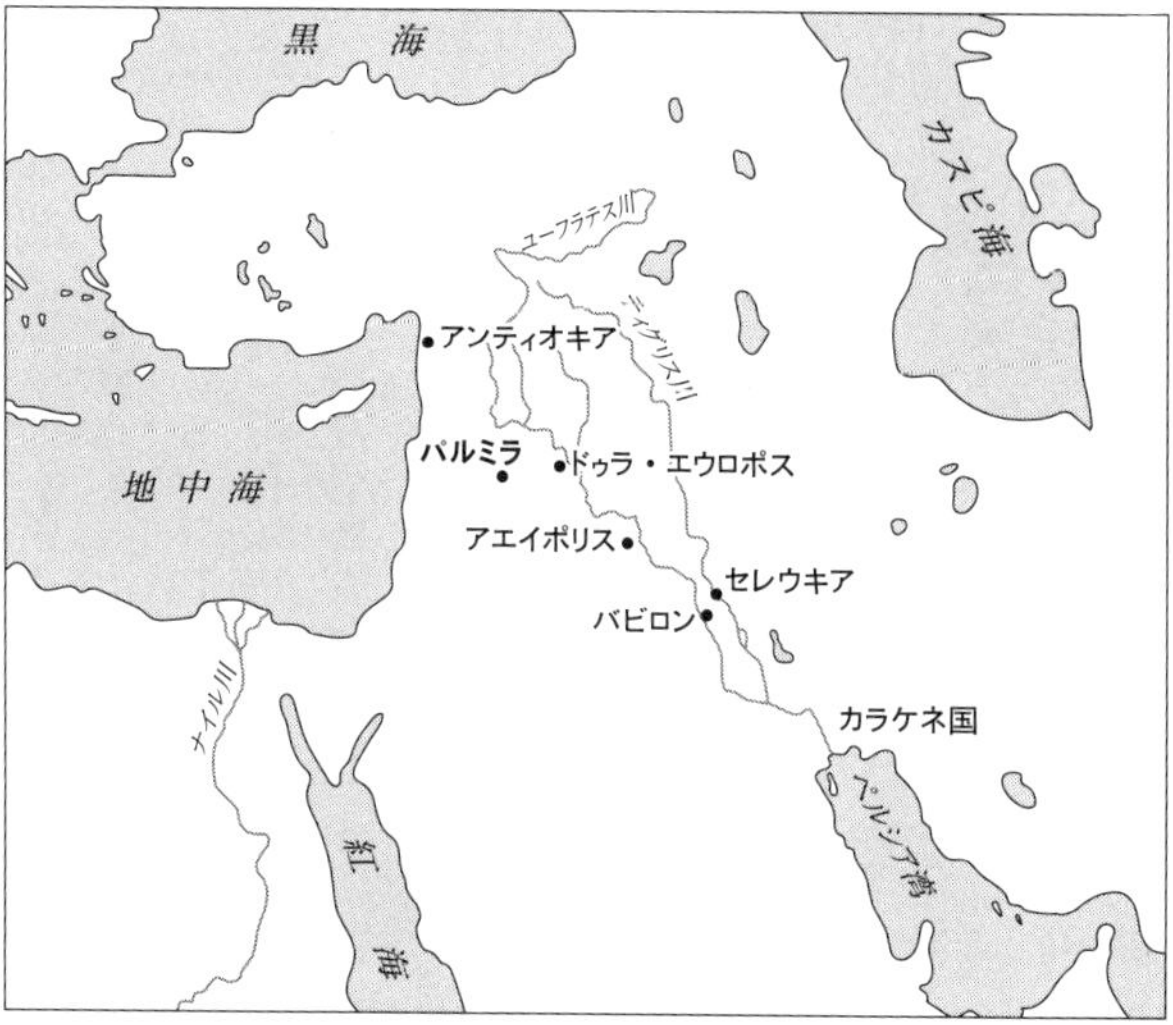

地図4　パルミラとペルシア湾ルート

アッシリア時代の楔形《くさびがた》文字文書や『旧約聖書』に登場する。この都市が繁栄に向かうのは前一世紀後半のことである。

その主神を祀った巨大なベル神殿（東西二一〇メートル、南北二〇五メートル）の建造を皮切りに、一世紀から二世紀にかけてパルミラには、列柱道路や四面門（テトラピュロン）、バール・シャミン神殿、アゴラ（市の中心広場）、劇場、記念門などが次々と建てられていったのである。これらの遺跡は近年までその原形をとどめており、ロストフツェフは、一九三二年に著されたその『隊商都市』において、パルミラの遺跡を「古代世界の最もロマンチックな遺跡（青柳正規訳）」と呼んだほどである。
パルミラの遺跡は、一九八〇年には世界遺産に登録されていたが、残念なことに、二〇一一年に始まったシリア内戦の中、二〇一五年にこの地を占領したＩＳによって大方破壊されてしまった。現在は、危機遺産となってしまっている。

このような壮麗な遺跡を残したパルミラの富の源泉がシルクロード交易にあったことは疑いない。古代において、パルミラの北西部には豊かな農地が広がっており、また「パルミラ関税法」が示すように、この都市が地域経済の中心地であったことは確かであるが、しかし、パルミラの域内から生じる富だけで、パルミラの繁栄が支えられていたとは思われないからである。

パルミラの商人の主たる活躍の舞台となったのは、これまで述べてきたエジプト・インド間の紅海ルートではなく、その支線とも言うべきペルシア湾ルートであった（地図4参照）。

インドから西方へ海路で向かった商品は、そのすべてが紅海へ入って直接ローマ帝国に行ったわけではなく、一部は、ペルシア湾へ入った。ペルシア湾へ入った商品は、ペルシア湾頭にあったカラケネ国やパルティア領であったメソポタミア南部の大都市セレウキアやバビロンで売られた。パルミラの商人はこれらの地へ赴いて、インドや中国の物産を買い付けていたのである。パルミラの遺跡からは実際に漢代の絹が出土している。

買い付けられた商品は、ユーフラテス川を船で北上して、シリア南部のアエイポリス（現ヒート）、あるいは中部のドゥラ・エウロポスといった町で陸揚げされ、そこからは陸路で西にシリア砂漠を横断してパルミラにもたらされ、パルミラから、さらに地中海沿岸のアンティオキアなどに運ばれていったのである。時にパルミラ商人は、彼らが「スキュティア」と呼んでいたインド北部にまで自ら足を延ばすこともあった。

パルミラのメインストリートであった列柱道路やアゴラには、シルクロードで活躍した隊商の指導者や隊商を遊牧民の攻撃などから救った有力者を讃える碑文や彫像が数多く並んでいたが、このことは何よりもパルミラの繁栄が彼ら商人に負っていたことを物語っている。

彼らパルミラの商人は、その私財を都市のために使った。一九年にパルミラ人とギリシア人の商人は共同でベル神殿建造のための多額の寄進を行い、二四年にはバビロンに駐在していたパルミラ人商人が同じくベル神殿に同様の行為をしている。列柱道路の柱の一本一本も、その多くが商人による寄進であるし、バール・シャミン神殿も、マレ・アグリッパなる富裕者が私財で建てたものである。マレ・アグリッパは、ハドリアヌス帝が一三〇年にパルミラを訪問した時には、その随行団にやはり私財でオリーブオイルを提供したことも知られている。アグリッパの素性は明らかではないが、何らかの形でシルクロード交易と関わっていたとみなしてよいだろう。

しかしながら、パルミラ人商人によるエヴェルジェティズムを通しての公共建造物建築の事例がそれほど多くないのも否定し難い事実である。パルミラにおけるエヴェルジェティズムの形としてもっとも多いのは、都市の有力者が、ペルシア湾方面から帰還する隊商の商人たちを自ら私財で助けたというものであり、パルミラでは、エヴェルジェティズムが他のローマ帝国の諸都市とは異なる方向に向かっていたようなのである。この都市の有力者が、大商人なのか、それとも商業とは異なる経済基盤を有した者たちであるのかについては議論が分かれるが、いずれにしても、シルクロードの商業を守ることに、パルミラのエヴェルジェティズムが向かっていたことは、この都市の繁栄とシルクロード交易が不可分のものであったことをよく示している。

富裕者に軽かった課税

以上のように、シルクロード交易は、富裕者のエヴェルジェティズムの基となる富をもたらし、これが都市、ひいては帝国の繁栄をもたらしていたのであるが、彼らのエヴェルジェティズムを後押ししたのは、帝国の税が軽微であるということであった。

ローマ帝国の大多数の住人に課された、もっとも基本的な税目としては、地租と人頭税があった。しかし、この二つの税の税率や課税対象は、非常に地域差が大きかった。地租は、属州キリキア（トルコ南西部）と属州シリアでは、土地の評価額の一パーセントであったと伝えられるが、属州エジプトでは収穫の八分の一か一〇分の一が税として徴収されていた。

一方、人頭税は、所有財産の多寡《たか》や収穫量ではなく、人間に一律に課される税であるが、これにも税額や課税対象に地域差があった。属州エジプトでは一二歳、あるいは一四歳から六五歳までの男性のみに、属州シリアでは同年齢の男女に課されており、また属州エジプトでは同じ属州内でも徴収額に違いがあったことが知られている。イタリアに至っては、ローマ帝国の本国であるので、地租も人頭税も免除されていた。このように地租と人頭税は地域差が非常に大きいため、総計してどれほどの額が徴収されていたのかは推計が難しいが、少なくとも帝国の最初の二〇〇年ほどの間は、その負担がそれほど重いものではなかったであろうことは推定できる。

なぜならば、帝国には、一連の関税を筆頭に、鉱山や帝室領からの上がり、市民から皇帝への遺贈、金持ちからの財産没収、戦争の略奪品などの特別の財源があり、これによって国家予算の多くを賄うことが可能であったと考えられるからである。

鉱山収入は、知られている限りでは、スペイン北部の金鉱が年間六・五トンに相当する金を、同じくダルマティア（ボスニア）地方の金鉱が五・九トンの金を、そしてスペインの銀鉱がやはり年間三五・四トンの銀を産出しており、これだけでセステルティウスに直せば、二億セステルティウスを超える収入があった。特にトラヤヌス帝が征服したダキア（現ルーマニア）にも豊かな金山があったので、帝国全土からの鉱山収入は相当な額に上ったであろう。

帝室領からの収入も、年間五〇〇〇万から一億セステルティウスあったと推計されている。市民から皇帝へ遺贈される資産もそれなりにあったことは、アウグストゥス帝が二〇年間で一四億セステルティウスの遺贈を受けたとされていることからも明らかである。

さらに、財産没収の額も無視できないものであった。クラウディウス帝は、その一三年の治世において、三五名の元老院議員と三二一名の騎士から八億セステルティウス以上の財産を没収した。

またローマ帝国の初期においては、共和政期に引き続いて、領土拡大が続いていたので、戦争による略奪も大きな財源であった。フラウィウス朝期に建造されたローマ市のコロッセオの建造費の一部は、ユダヤ戦争の略奪品から出たものであった。

鉱山と帝室領からの上がり以外は、不定期で、不安定な財源であるが、全てを合わせれば年間平均して三億セステルティウスほどの収入にはなったであろう。関税収入四億セステルティウスと合算すれば、特別の財源は七億セステルティウスほどあったことになる。

先に見たように、ローマ帝国の国家予算は、一五〇年頃の段階で八億三〇〇〇万～九億八〇〇〇万セステルティウス、二一五年頃で一四億六〇〇〇万～一六億一〇〇〇万セステルティウスであったので、特別の財源だけで、前者の段階であればそのほとんどを、後者の段階でも半分ほどを賄えたことになるのである。したがって、無理をしてまで、帝国の住人に地租と人頭税を重く課す必要はなかったのである。言い換えれば、特別財源の半分以上を占める関税収入がその他の帝国の税を軽微なものに抑えていたということになる。そして、軽微な税が富裕者に経済的余裕を与えることは疑いない。このような意味においても、シルクロード交易は、富裕者のエヴェルジェティズムを支えていたのであり、帝国の繁栄の源になっていたと言っても過言ではないのである。

なお、富裕者に主に関係してくる税としては、ローマ市民権の保持者にのみ課される相続税や奴隷の売却・解放税があった。それぞれの税率は、相続税が五パーセント、奴隷の売却税が四パーセント、解放税は五パーセントであったが、しかし相続税以外は、意図的に避けられるものであったし、その相続税すら税率は決して高くはなかったと言えるだろう。

第三章　ローマが重視した砂漠と海のルート

「古代人は経済に関心がなかった」説

前章で見たように、シルクロード交易はこれに携わる商人はもちろんのこと、帝国にも関税という形で、多大な利益をもたらすものであり、これらシルクロード交易から上がってくる富は、様々な形で帝国の繁栄に関わっていたのであった。とするならば、歴代のローマ皇帝たちがシルクロード交易に関心をもっていたと考えるのは当然であろう。

実際、このことを示すかのような行動を皇帝たちは取っている。例えば初代皇帝アウグストゥスは南アラビアへ遠征軍を送り、その占領を試み、五賢帝の一人トラヤヌスはヨルダン南部にあったナバテア王国併合やパルティア遠征を行っていたのである。これらの地域には、いずれもシルクロード交易の重要なルートが通っていた。

しかし、研究者の間では、皇帝たちの東方への関心は、シルクロード交易の促進とは関係がなく、皇帝たちは経済とは別の論理で行動していたとの見方も強くある。二〇〇一年に刊行されたG・K・ヤングの『ローマの東方交易――国際商業と帝国の方針　前三一年～後三〇五年』などは、その最たるものである。ヤングは、皇帝たちの東方への関心はもっぱら領土的な野心であり、本当に交易の促進を目指していたのであるなら、戦争は交易ルートの混乱をもたらすだけなので、避けられていたはずであると指摘するのである。

皇帝たちの行動の動機に経済的意図を否定する研究者の考えの根本には、古代と現代では経済が社会に占める位置が全く異なり、古代人は現代人のように経済を第一とする行動原理をとっていなかったとの認識がある。しかし、本当にそうであったのだろうか。本章では、このような問題意識を抱きつつ、さしあたりアウグストゥスから五賢帝時代までのローマ帝国のシルクロード交易への関与の実態を明らかにしていきたい。

アウグストゥス帝の南アラビア遠征

アウグストゥス帝は、前二六年（あるいは前二五年）、エジプト属州総督であったアエリウス・ガルスに南アラビア遠征を命じた。本書でこれまでたびたび登場した地理学者のストラボンは、このガルスの友人であり、遠征にも同道し、その顛末を『地理誌』で詳しく報告している。

ガルスが率いた遠征軍は、ローマの歩兵とユダヤ人とナバテア人の援軍から成る総勢約

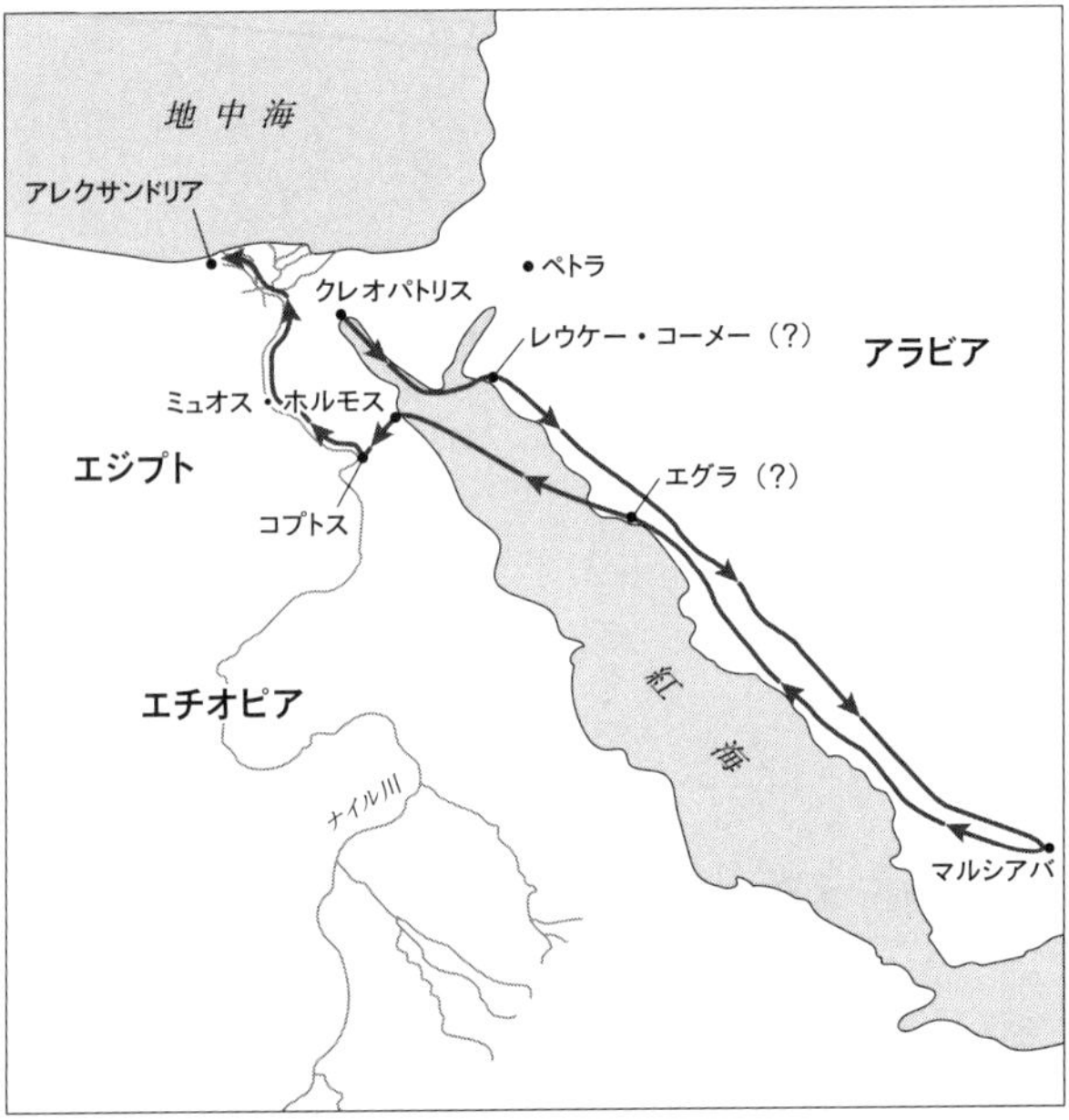

地図5　アエリウス・ガルスの遠征路

一万であった。ガルスは遠征に際して、紅海の北方の港クレオパトリス（現スエズ近郊）に軍船八〇隻以上、輸送船一三〇隻を建造させ、軍勢は船に乗ってまずアラビア半島側の港レウケー・コーメー（ギリシア語で「白い村」の意）を目指した（地図5参照）。レウケー・コーメーは、ローマの同盟国であったナバテア王国の港である。遠征軍がこの港に到着するのに一五日かかった。この間、ローマ軍は操船に苦労して、多くの軍船を失ったという。

ローマ軍が陸路ではなく、わざわざ海路でレウケー・コーメーに向かったのは、遠征軍の案内役を務めたナバテア人のシュライオスなる者が陸路の困難さを説いたからであったが、実際には、交易商人たちは、この港とナバテア王国の都ペトラとの間を陸路で「無事にらくらくと（飯尾都人訳）」往復していた。実は、ストラボンによれば、このシュライオスによってローマ軍は、裏切られていたのであった。

ガルスの遠征軍は、レウケー・コーメーに着いたものの、その地で疫病が軍内に蔓延《まんえん》したため行軍できず、一夏と一冬滞在した。その後、ようやく再出発したが、遠征軍はシュライオスに悪路ばかり案内された。しかし何とか南アラビアに入り、いくつかの都市を落とし、マルシアバ市（現マーリブ？）を包囲するに至ったが、水不足で落とせず、この都市の包囲を最後に撤退した。遠征軍は、目指す香料の産地まであとわずか二日の行程であったが、このことも帰還後に知る始末であった。

帰路は往路とは別の道を辿って、まずはエグラまで行き、ここからは船に乗って、一一日かかってミュオス・ホルモス港へ戻り、エジプト東部砂漠を越えて、コプトスに入り、ナイル川を下って、遠征軍はアレクサンドリアに帰着したのであった。どれだけの兵士が無事戻れたのかはストラボンは書いていないが、戦死者はわずか七名にすぎず、その他の者は「病気、疲労、飢え、悪路（同訳）」のせいで命を落としたという。

ストラボンは、この遠征の目的を二つ挙げている。ひとつは、南アラビアとその対岸のエチオピアの実地調査。もうひとつは南アラビアの征服であった。後者に関しては、アウグストゥスは、南アラビアの諸族が香料や宝石の交易で非常に富裕であると聞いていたため、彼らを征服することで、その富を得ようとしたと、その動機が説明されている。

南アラビア遠征にシルクロード交易促進の意図を認めない研究者は、後者の動機のみを強調するが、しかし、ストラボンが最初に挙げる遠征動機は、南アラビアとエチオピアの実地調査であり、アウグストゥスがこれを企画したのは、この二つの地域を隔てる海が狭いのを知ったからであったとされている。

ストラボンは、これ以上の説明をしていないが、海峡が狭いのを知って、実地調査のために遠征軍を送ったというのは、おそらく、調査の上で、最終的には海峡両岸の南アラビアとエチオピアを支配下に置き、紅海ルートを完全にローマの手中に収め、航路の安全性の確保を目指したということではないだろうか。

アウグストゥスは、「神君アウグストゥスの業績録」において「私の命令権と鳥占いの下に、二つの軍隊がほぼ同じ頃、エチオピアとそして『幸ある国』と呼ばれているアラビアへ導かれ、そしてどちらの民族をも抵抗した者を大勢、戦闘で殺戮《さつりく》し、多くの町を占領した。エチオピアではメロエに近いナバタの町まで遠征した。アラビアでは軍隊がサバエイ族の領地へ入って、マリバの町まで進んだ（国原吉之助訳）」と誇っている。

　ストラボンの記事と比べれば、戦果が誇張されているものの、注目すべきは、ガルスの南アラビア遠征軍と同時に、エチオピアにも遠征軍が送られていたことである。このことは南アラビア遠征が単にその富を目指していたのではなく、エチオピア遠征とセットで意味のある行動であったということになる。やはりアウグストゥスの真の目的は、紅海南部の両岸を支配下に収め、この間を通る海上交易ルートの安全性を確保することにあったのであろう。

　ガルスの遠征は、その目的の一つである南アラビアの占領を果たせなかったという点で、軍事的には失敗であったと言わざるを得ないが、大軍を送りこむことのできるローマ帝国の存在を南アラビアに知らしめ、外交関係が生まれたことには一定の意味があった。『エリュトラー海案内記』は、南アラビアの重要交易地ムーザを支配する王カリバエールはローマに「使節や贈物を絶やさず、諸皇帝と親しい（蔀勇造訳）」と記しており、このようにカリバエールがローマの皇帝たちに下手に出ているのも、ローマ軍の脅威を知っていたからであろう。そして、交易地の王が親ローマ的であることは、ローマ帝国の商人たちにとっても、交易に際して有利に働いたに違いない。

「カイサル」とは誰か?

ローマ軍の南アラビアでの活動に関して、『エリュトラー海案内記』には不可解な記事がある。

現イエメンの港町アデンに当たるエウダイモーン・アラビアーという「村」に筆が及んだときに、「しかし今では、我々の時代からそう離れていない頃に、カイサルがここ(エウダイモーン・アラビアー)を攻略した(同訳)」と書くのである。カイサルは、ギリシア語でローマ皇帝のことである。また『エリュトラー海案内記』は紀元後一世紀後半に書かれたと考えられているので、「我々の時代からそう離れていない頃」というのは、一世紀前半あたりをさしているのだろう。そうすると、一世紀の前半頃に、ローマ皇帝がアラビア半島の南西端にまで軍を送り、エウダイモーン・アラビアーを征服したということになるのである。

しかし、この『エリュトラー海案内記』の記事を不可解と言うのは、一世紀に南アラビアに軍を送り出した皇帝はアウグストゥスしか知られていないが、アウグストゥスの送り出したガルスの遠征軍は、エウダイモーン・アラビアーにまではとうてい到達していなかったからである。

アウグストゥスの治世には、その養子であったガイウス・カエサルがアラビア湾（アカバ湾）まで遠征したとプリニウスが伝えているので、この記事は一見、『エリュトラー海案内記』の記事を裏付けるかのようにみえるが、しかしプリニウスは別の個所で「騎士身分の一員アエリウス・ガルスは今までローマ軍をこの国へ進めた唯一の人である。というのはアウグストゥスの子息ガイウス・カエサルはアラビアをかいま見ただけであったから。（中野定雄他訳）」と矛盾することを言っているので、ガイウス・カエサルがエウダイモーン・アラビアーを攻略したと断定するのは難しい。

ガルスにせよ、ガイウス・カエサルにせよ、もしエウダイモーン・アラビアーにまで到達していたならば、アウグストゥス自身、その業績録で誇ったであろうが、そうはしていないのは、アウグストゥスの治世には、エウダイモーン・アラビアーを攻略した事実はないからであろう。

　アウグストゥスでないとすれば、カイサルは誰かということになる。村川堅太郎はこれをクラウディウス帝（在位四一〜五四年）とみなしたが、クラウディウス帝が南アラビアに軍を送った記録がない以上、やはり疑問が残る。蔀勇造は、『エリュトラー海案内記』の記事をその著者による誤解として退ける。おそらくこの立場が正しいのではないか。『エリュトラー海案内記』には、エウダイモーン・アラビアーは、かつては交易の中心地として栄えた「都市」であったが、当時はさびれて、「村」となっていたとあることから、蔀は、『エリュトラー海案内記』の著者がエウダイモーン・アラビアー衰退の原因をよく知られたガルスの南アラビア遠征に帰してしまったのではないか、と考えるのである。そして、著者がこのような誤解をした原因を、エウダイモーン・アラビアーという言葉の多義性に求めた。というのも、ギリシア語で「幸福なアラビア」を意味するエウダイモーン・アラビアーは、狭義にはアデンを、広義には南アラビア全体を指すからである。要するに、『エリュトラー海案内記』の著者は、ガルスの南アラビア遠征が狭義のエウダイモーン・アラビアーにまで及んでいたと誤解していたのである。そして、この場合、事実誤認ではあるが、著者の念頭にあったカイサルは、アウグストゥスということになるのである。

ナバテア王国の併合

アウグストゥスに次いで、紅海周辺で積極的な動きを見せたローマ皇帝は、五賢帝の二番目のトラヤヌス帝（在位九八〜一一七年）である。ローマ帝国の領土を最大にまで広げたとして名高い皇帝である。

このトラヤヌス帝は、一〇六年にナバテア王国をローマ領に併合し、その地を属州アラビアとした。

ナバテア王国についてここで改めて簡単に説明しておきたい。この王国は、前二世紀に興ったアラブ系遊牧民の王国で、南アラビアと地中海世界を結ぶ香料の中継交易で栄え、前一世紀に最盛期を迎えた。その都であったペトラは、世界遺産となっており、今日でも素晴らしい遺跡が残る。ペトラは、ギリシア語で「岩」を意味し、その名の通り、岩山の中に築かれた都で、シークと呼ばれる幅二、三メートルほどの細い岩の間の道を一・二キロほど歩いて通って町に入る。シークを抜けたところにあるエル・カズネの遺跡は、映画

『インディ・ジョーンズ』シリーズの「最後の聖戦」のロケ地としてもよく知られている。

　トラヤヌス帝がこのナバテア王国を併合した理由については諸説あり、その中には、ナバテア王国を通る香料交易路の独占を狙ったとの説もある。しかし、ナバテア王国が併合された段階では、香料の主要な交易ルートは、ナバテア王国経由ではなく、紅海ルートを通るようになっており、ローマ帝国の商人たちは直接海路で南アラビアに買い付けに行っていたので、ナバテア王国を通る香料ルートは既に衰退していた。そのためナバテア王国の経済状況自体がトラヤヌスの時代には悪化していたようである。

　このことは、この王国の発行した銀貨の純度の低下からも明らかである。王国の銀貨の純度は、前一世紀後半に九〇パーセント以上あったものが、漸次《ぜんじ》下がり、後一世紀前半には二〇パーセントまで落ち込んでいた。そもそも、ローマ帝国は、併合以前から、ナバテア王国を属国化しており、紅海の右岸にあったその港レウケー・コーメーにはローマ帝国の「四分の一税の徴収官と、部隊を率いた百人隊長（蔀勇造訳）」を置いていたのであり、わざわざ経済的理由で併合する必要はなかったと言える。

　ナバテア王国併合の理由は、おそらく、国王ラベル二世が一〇六年に没し、王統が絶えたか、あるいは適当な後継者がいなかったためであろう。後継者不在の場合、王国が混乱する可能性があり、それはローマ帝国にとっては好ましいことではなかったし、ローマ帝国の属国併合のいつもの口実であった。また、トラヤヌスは、同時期にはダキア（現ルーマニア）で征服戦争を行っており、ラベル二世の死去という事情がなければ、ローマ側にこの段階で二面戦争の危険を冒してまで、ナバテア王国を併合する必要はなかった。したがって、ナバテア王国の併合については、シルクロード交易との直接的関連性は認められないだろう。

パルティア戦争とペルシア湾ルートの支配

トラヤヌス帝は、治世晩年の一一四年初頭からは、パルティアへの遠征を始めた。トラヤヌス帝は、まずアルメニアを征服し、属州化した後、アルメニアから南下し、北部メソポタミアを占領した。そして、この年の冬には、一旦、ローマ領内のアンティオキアへ戻り越冬し、翌一一五年から再び、パルティアへ侵攻を開始し、一一六年にはティグリス川畔にあったパルティアの都クテシフォンを落とすに至った。トラヤヌス帝は、その後、ティグリス川を船に乗って南下し、ペルシア湾頭にあったパルティアの属国カラケネ国も支配下に置いた。ペルシア湾頭に立ったトラヤヌス帝は、インドへ向かう商船を目にし、「私が若かったなら、インドにまで行ったであろう」と言って涙を流した、と伝えられている。この時、トラヤヌスは、六三歳の高齢であった。

小説家のユルスナールは『ハドリアヌス帝の回想』で、トラヤヌスがペルシア湾頭に立った場面を印象的に次のように描いた。

「カラクスに着くやいなや、疲れきった皇帝はペルシア湾の重い水のひろがりに向かって、砂浜に腰をおろした。それはまだ彼が勝利を信じて疑わなかったころであったけれども、しかしはじめて世界の茫大さが彼を圧倒し、また、老齢の感懐、われわれ皆を取り囲む限界の感情が彼をおしひしいだのであった。よもや泣くことがあろうとはだれも思いもよらぬこの人の皺寄った頬に大粒の涙が流れた。これまで踏破したことのないかずかずの岸辺にローマの鷲を持ち運んだこの将軍は、あれほど夢みたこの海に船出することはけっしてないであろうと、いま悟ったのだ。インディア、バクトリア、彼がはるかに憧れていた蒙《くら》い東洋全体が、彼にとってはどこまでもただの名前と夢とにすぎぬものとなるであろう。さっそく、その翌日、悪い情報がはいって、彼はふたたび出発せざるをえなくなった（多田智満子訳）」

ユルスナールの言う「悪い情報」は、占領していた北部メソポタミアの反乱のことである。しかし、実際にトラヤヌスにこの報告が届いたのは、ユルスナールの描くペルシア湾頭ではなく、バビロンに帰還してからのことであった。

バビロンから北方へ反乱鎮圧に向かったトラヤヌスであったが、反乱の中心の一つハトラ市を落とせず、結局、パルティア領から撤退することになった。そして、アンティオキアへ戻り、再度の侵攻を計画したが、体調が思わしくなく、ローマ市への帰途に就いた。しかし、その途中、トラヤヌスは小アジアの小村セリヌスで息を引き取ったのである。一一七年八月のことであった。

パルティアとの戦争について、歴史家のカッシウス・ディオは、開戦の口実はアルメニアの王位継承問題であったが、真の目的は「名声への渇望」であったとしている。「名声への渇望」は、具体的には、軍事的名声を得たいということである。トラヤヌスは、アケメネス朝ペルシアを倒し、インドにまで及ぶ大帝国を築いたアレクサンドロス大王に憧れていたとされているのである。

しかし、トラヤヌスは、先に引いたエピソードから明らかなように、当初からパルティアを倒して、インドまで征服しようとしていたとは思われない。ペルシア湾頭に立って、インドへ向かう船を目の当たりにし、初めてインド征服への夢を抱いたが、既に年老いた現実の自身の姿を前に、その夢をあきらめざるを得なくなったにすぎない。とするならば、トラヤヌスが目指していた軍事的名声は、メソポタミアの征服であったのだろう。

メソポタミアには、前章で見たように、紅海ルートと並んで、インドとローマ帝国を繋ぐ重要な交易ルートが通っていた。しかし、このペルシア湾ルートは、ローマとの関係が必ずしもよくなかったパルティアの支配下にあったのである。中国の史書『後漢書』には、「其の王【＝ローマ皇帝】は常に使を漢に通ぜんと欲せしも、而《しか》れども安息【パルティア】は漢の繒綵《そうさい》を以《もつ》て之《これ》と交市せんと欲し、故に遮閡《しやがい》して自ら達することを得ざらしむ（吉川忠夫訳、【 】内は著者による補足）」とあり、パルティアはローマのシルクロード交易の妨害者であったとされているのである。このような状況では、パルティア領を通るシルクロード交易への参画は、パルミラ人を除く、大方のローマ帝国の商人にとっては、困難であったに違いない。そのため、トラヤヌス帝が、ペルシア湾ルートの通るメソポタミアをパルティアから奪うことで、ローマ帝国商人のさらなる進出を促し、シルクロード交易のいっそうの拡大を目論んだとしても不思議ではないだろう。

ただ、結果から見れば、トラヤヌスのメソポタミア占領は失敗に終わったため、その遠征はペルシア湾ルートに混乱をもたらしただけであった。しかし結果から意図を類推し、トラヤヌスが経済を度外視して、征服のためだけの戦争を行ったと考えるのは正しくないだろう。

エジプト東方砂漠ルートの整備

アウグストゥス帝とトラヤヌス帝は、軍事力を用いて交易ルートを直接支配することで、通行の安全を確保し、交易の促進を図ろうとしたが、他方で、彼らを含めた歴代のローマ皇帝たちはエジプトの東方砂漠を通るルートの整備と安全確保にも力を注いだ。

繰り返し述べてきたように、一、二世紀においてシルクロード交易のローマ側の主要な港であったのは、紅海のミュオス・ホルモスとベルニーケーであった。これら二つの港に陸揚げされた商品は、エジプトの東部砂漠ルートを通って、ナイル川畔のコプトスへと陸路で運ばれた。ミュオス・ホルモスからコプトスまでの距離は一八〇キロほど、ベルニーケーからコプトスまでは三八〇キロほどあり、二つのルートは途中で合流してコプトスへと繋がっていた。アウグストゥスの時代のこのルートの様子について、ストラボンは、次のように記している。

「今日ではコプトスとミュオス・ホルモス両市の評判が高くなり、こちらの方が利用されている。らくだ隊商は以前には星座に目を向けながら夜間の旅を重ね船で行く人びとのように水まで運んで旅していた。しかし、今日では隊商水汲み場のひじょうに深く掘り下げたのを設け、天からの恵みの水がたとえ乏しくてもそれを貯める水槽を築き終えている。この間六―七日の行程である（飯尾都人訳）」

　このストラボンの記述からは、アウグストゥスの時代に、水汲み場などが設けられ、ルートが整備され始めたことが分かるが、その整備は一世紀後半のフラウィウス朝期を中心に活発になされ、ミュオス・ホルモスに通じるルートの場合、最終的に一六～一八キロごとに水汲み場が設置されるようになっていた。水汲み場は、四方を防壁で囲まれ、兵士が駐屯し、砦《とりで》、あるいは隊商の避難所としても機能するようになっていた。駐屯した兵士の数はそれほど多くはなく、平均で二〇名強ほどであったと考えられている。要塞化された水汲み場に加えて、見張りと連絡のための塔も一定の間隔で建てられた。塔は、同じくミュオス・ホルモスからのルートの場合、六五あったことが確認されている。塔の高さは、二～二・五メートルほどであった。二～四名ほどの兵士が塔には駐在した。エジプトの東方砂漠は、ローマの支配の及ばないトロゴデュテス人やブレンミアエ人などの遊牧民が活動しており、彼らによって砦が襲撃されることもしばしばあった。

このようなエジプト東方砂漠のルート整備についても、これをシルクロード交易の振興策とはとらえない考えがある。エジプトの東方砂漠には、モンス・ポルフュリテスやモンス・クラウディアヌスのような鉱山があったのであり、東方砂漠のルート整備や治安維持も、これらの鉱山のためであったというのである。

しかし、それならば、鉱山へのルートだけを整備すればよいのである。そうなっていないのは、やはり交易ルートの利便性と安全確保を目指していたからであろう。また、ローマは、あくまで徴税にのみ関心があり、交易ルートの整備も、隊商が徴税逃れをできないように監視していたのであり、交易の振興には関心がなかったとの見方も提示されるが、徴税への関心と交易の振興は不可分の関係であり、一方はあり、一方はなかったとする必要はない。

紅海の制海権の維持

ローマ帝国は、紅海に艦隊も配備していた。古代末期の史料は、紅海に艦隊を配備したのはトラヤヌス帝であると伝えるが、しかし、それ以前から紅海には艦隊が存在していたふしがある。

一世紀半ば以前の陶片文書からは、ミュオス・ホルモスか、ベルニーケーのいずれかは分からないが、どちらかの港にローマの軍船である三段櫂船《さんだんかいせん》とリブルナ船（小型の快速船）の司令官が既にいたことが知られている。先に見たように、南アラビア遠征に際して、ガルスは軍船を八〇隻以上、建造していたとされているので、これらの軍船が、遠征後もそのまま紅海の艦隊として機能していたのかもしれない。もちろん、トラヤヌス帝によって一層整備された形で、紅海に艦隊が設置された可能性を排除することはできない。いずれにしても、艦隊の規模は分からない。

ローマ帝国は、紅海に艦隊を配備するだけでなく、紅海のファラサン諸島にも軍を配備していた。ファラサン諸島は、紅海南東部に浮かび、その入り口を扼《やく》する位置にある。べルニーケーの港からは一〇〇〇キロも南である。現在はサウジアラビア領になっている。

このファラサン諸島に属する二つの島からは、今世紀の初頭にラテン語で書かれた二つの碑文が出土した。これらの碑文からは、ファラサン・アル・クブラ島にはトラヤヌス帝治世の一一〇〜一二〇年頃に第六軍団フェラタの分遣隊が、ファラサン・アル・シュグラ島には、アントニヌス・ピウス帝治世の一四四年に第二軍団トラヤナの分遣隊が、それぞれ駐屯していたことが判明したのである。分遣隊というのは、軍団の兵力の一部が割かれて編成された派遣部隊のことである。艦隊の規模と同様、派遣されていた兵力は不明である。

ローマ帝国が紅海に艦隊を配備し、その要衝に軍を駐屯させたのは、紅海方面からの海路による外敵の侵入を恐れていたからではない。当時、紅海方面から艦隊でローマ帝国に攻め上って来るような勢力は存在していなかった。したがって、その目的とするところは、紅海の治安維持の他は考えられず、治安を維持しなければならない理由は、ここがシルクロード交易の商船が通る重要ルートであったからであろう。

ナイル川―紅海間運河の開削

一一二年までに、トラヤヌスは、ナイル川畔のバビュロン（現カイロ近郊）と紅海の港クリュスマ（現スエズ近郊）を結ぶ「トラヤヌスの運河」を開通させた。正確には、この運河は、トラヤヌスが初めて開削したわけではなく、古代エジプトのファラオ、ネコ二世（在位前六一〇～前五九四年）が初めて手を付けた事業で、アケメネス朝ペルシアのダレイオス一世（在位前五二二～前四八六年）が完成させ、さらにプトレマイオス朝のプトレマイオス二世フィラデルフォス（在位前二八五～前二四六年）も手を加えたものである。しかし、トラヤヌスの時代には、運河は土砂で埋まり使用できなくなっていたので、トラヤヌスはこの古くからの運河を再開通させたのである。

ナイル川と紅海が運河で結ばれれば、シルクロード交易の輸出品である葡萄酒のような、かさ高く重量ある輸出品をエジプト東方砂漠を陸路で苦労して運ばなくて済むようになるので、交易の便にとって画期的である。この点についても否定的な立場をとる研究者はいるが、しかしトラヤヌスが運河の開削を通して、交易の活性化を図ったことは明らかであるように思われる。

したがって、この運河の問題は、開削意図よりも、どの程度利用されたのかにある。二世紀半ばに活躍した小説家ルキアノスは、クリュスマからインドに向かう船が出ていたと書いており、この港がインド航路の起点として利用されていたことは疑いないのだが、しかし、風向きの問題で当時の航海技術では紅海をクリュスマまで北上することは相当に困難であったとされており、それほど利用されなかったと考える研究者もいるのである。確かに、クリュスマまで容易に北上できるならば、より南方のベルニーケーやミュオス・ホルモスなどの港は直《ただ》ちに衰退するはずであるが、そうはなっていない。少なくともインドやアラビアなどからの復路は、その物産が香辛料や宝石のような軽いものが多かったので、より南方のベルニーケーやミュオス・ホルモスなどの港が利用し続けられていたのだろう。クリュスマは、インドへの往路だけの片道利用に留まったに違いない。

後漢への外交使節の派遣？

ローマ帝国のシルクロード交易の環境整備の一環として、関係国への外交使節の派遣も最後に挙げておきたい。そのもっとも有名なものは、世界史の教科書にも載せられている、大秦王安敦の使いが後漢へ至ったことであろう。

このことを伝える『後漢書』によれば、桓帝の延熹《えんき》九年（一六六年）に、大秦王安敦の使いが、現在のベトナム中部に当たる日南郡に海路到達し、象牙、犀角、瑇瑁《たいまい》（鼈甲《べっこう》の原料）を献上したとされる。この大秦王安敦が五賢帝最後の皇帝マルクス・アウレリウス・アントニヌスを指していることに疑問の余地はない。しかし、使節がもたらしたとされる象牙、犀角、瑇瑁は、いずれもローマの産品ではないので、おそらく途中の港で仕入れたものであろう。象牙、犀角、瑇瑁は、見事に東アフリカのアドゥーリの輸出品に一致する。

正式な使節であれば、ローマの物産を持ってくるはずと考えれば、日南郡に上陸した使節は、正式な使節ではなく、大秦王安敦の名をかたったにすぎないとも考えられるし、ローマ側に中国に使節を派遣したとの記録がないことも相まって、実際、使節は偽りのものと考える説も根強いが、少なくとも、漢側はここにローマとの関係が「始めて乃《すなわ》ち一たび通ず（吉川忠夫訳）」と言っており、その真実性自体は疑っていない。しかし、彼らのもたらした象牙などは、珍しいものではなかったため、大秦国には「珍異」なものがあるとする情報は「疑うらくは伝うる者過ぎたり（同訳）」と、疑念を呈している。

また、先に引用した、「其の王（＝ローマ皇帝）は常に使を漢に通ぜんと欲せしも」云々の『後漢書』の文章は、この大秦王安敦の直前に書かれており、安敦の使いが到達したことで、ローマ側の希望が実現したことになっているのである。いずれにしても、ローマ側が使節を派遣したと伝えるのは漢の史料だけであり、ローマ側の史料には、その記録はない。

一方、アウグストゥス帝の業績録には、「インドから王の使節がたびたび私のもとに遣わされた。その以前はいかなるローマの将軍の前にも、現われたことがなかったのに（国原吉之助訳）」とあり、このインドが、インドのどこを指しているのかも判然としないが、アウグストゥス以後、インドの使節はたびたびローマ帝国を訪れていたようである。

このような記録を読むと、もっぱら相手側が使節を送ってきたように見えるが、しかし、ローマ側も、たとえ答礼の形であったにせよ、使節を送っていたことは疑いないように思われる。先にみたように、南アラビアのムーザの支配者はローマの「諸皇帝と親しい」とされていた。この書き方は、一方的に友好、あるいは臣従の使節を送っていたという意味ではないだろう。互いに定期的にやり取りがあってこその表現である。

そして、その外交には、通商協定とまでは言わないものの、ローマ帝国商人の通行の自由や保護程度のことは、交渉されていたのであろう。ストラボンによれば、ポロスというインドの王は、自身の領内をローマ人が通行することを許可していた。

シルクロード交易への積極的関与

以上のように、ローマ帝国は、シルクロードの重要ルートが通る紅海南部両岸とメソポタミア地方を軍事的に征服しようと試みる一方で、紅海ルートについては、エジプト東部砂漠ルートの整備、ナイル川と紅海を結ぶ運河の開削、紅海における艦隊と軍の配備、さらには外交使節をルート上の諸国に派遣することで、交易の利便性と安全性の向上に努めたのであった。

村川堅太郎は、ローマ帝国初期のユリウス・クラウディウス朝期におけるシルクロード交易への関与の事例として、エジプト東部砂漠ルートの整備、アウグストゥスの南アラビア遠征、クラウディウス帝治下のアデン攻略を認めつつも、「南海貿易に於けるローマ当局の役割を余り重く見てはならぬ。Eudaimon Arabia 即ち後のアデンがローマ当局の触手の到達せる東端であり、それから先のアラビア、アフリカ、インドに於ける原住民との交渉は個々の西方商人の自由と努力に委《ゆだ》ねられていたと見るべきであろう」と指摘した。

本章では、村川の結論とは異なり、「ローマ当局の触手の到達せる東端」はアデンではなく、やや後退してファラサン諸島であり、「アラビア、アフリカ、インドに於ける原住民との交渉」も「個々の西方商人の自由と努力に委ねられていた」だけではなく、外交使節を通じて、ローマ帝国自体が関与した可能性を示した。結局、プラス・マイナスゼロで、ローマ帝国のシルクロード交易への関与の程度は、事実としては村川説とは大きく異ならないかもしれない。

しかし、筆者は、その評価については、村川よりも積極的になるべきと考える。確かに、交易そのものは、基本的に商人の私的な事業として行われたが、ローマ帝国は、できる限り交易振興のための環境整備を行っていたのである。

村川をはじめ、ローマの関与を低く見ようとする論者の念頭には、プトレマイオス朝の積極的な交易政策があるのだろう。プトレマイオス朝は、港湾を整備し、航路の開拓を支援し、さらに輸入品をすべて買い上げ独占していたからである。しかし、港湾の整備はローマ帝国も行っていたし、航路の開拓はローマ帝国時代には既に開いていたので、そのための支援の必要はなく、また輸入品の買い上げ独占販売はしていないが、査定して課税していたのであるから、プトレマイオス朝とローマ帝国の政策の違いをあまり強調する必要はない。

シルクロード交易への積極性を欠いていたとすれば、それはローマ帝国の側ではなく、むしろ商人の側であったように思われる。

例えば、ローマ帝国では、近世ヨーロッパの東インド会社のような会社組織が形成されるには至らなかった。東インド会社ができる以前は、近世ヨーロッパ諸国においても、ローマ帝国時代と同様、一度の航海ごとに資金を商人が調達して交易を行っていたが、会社組織にすることで、資金調達が容易になり、かつ安定的な交易が可能になったのである。

ローマ帝国で会社組織が生まれなかった一因には、彼らが商業を持続させる意思に乏しかったことがあるのだろう。ローマ帝国では、パルミラなどを除いては、概して商人の社会的地位は低く、商業で富を得た人間は、その富で土地を買い、地主になることを望んだからである。このようなローマ人の商人のメンタリティが、次章で見るように、シルクロード交易の急激な衰退の一因となってくるのである。

第四章　ユーラシアを襲った変動

衰退の始まりはいつか？

シルクロード交易はアウグストゥスの治世に急激に勃興し、博物学者プリニウスの生きた一世紀後半までは、順調に進展していったとみて間違いない。一方で、第一章で言及したように、三世紀後半の軍人皇帝アウレリアヌスやディオクレティアヌスの治世には絹の価格が異様に高騰していたことから考えて、この時代には一時、シルクロード交易は完全に衰退していたのであろう。

では、シルクロード交易は、いったい、いつから衰退をはじめ、どのような原因があって三世紀後半の完全な衰退状態に至ったのであろうか。

プリニウスが活躍したのは一世紀後半のフラウィウス朝期であり、これに続いたのが五賢帝時代という帝国の最盛期であったので、五賢帝時代まではシルクロード交易が活発であったと想定するのは理にかなっている。山川出版社の教科書『詳説世界史B』などは、さらに遅く三世紀の初めまではその繁栄が続いたとみているようである。教科書では、二一二年のカラカラ帝による帝国の全自由民への市民権付与をもって、ローマ帝国が世界帝国となったと説かれ、この記述に続いて「商業活動も繁栄し、季節風貿易によって中国・東南アジア・インドから絹や香辛料がもたらされた」と書かれており、シルクロード交易の盛況はローマが世界帝国化した証として挙げられているのである。

しかしながら、近年の研究では、ローマのシルクロード交易は一世紀の後半にはピークに達し、五賢帝時代の始まる同世紀末には早くも衰退し始めたとみなすようになってきている。

考古学が示すシルクロード交易の衰退

一世紀末以後にシルクロード交易が衰退したことを示すのは、考古学資料である。

東アフリカのヒース（＝「向こう側」のムーンドゥー）とハフン岬（＝「向こう側」のオポーネー）、南アラビアのカネー、そして南インドのアリカメードゥ（ポドゥーケー）の発掘調査結果によれば、いずれの遺跡でも、地中海産の遺物が多く出るのは一世紀の後半までで、それ以後は減少し、東アフリカや南アラビアでは、地中海産に代わってペルシア産やエチオピア産の遺物が出土するようになる。またエジプトのベルニーケー遺跡も一世紀後半が最盛期で、二世紀の後半から三世紀にかけては沈滞する。

『エリュトラー海案内記』の訳註者の蔀勇造は、以上のような「近年の考古学の知見を総合すると、地中海世界とインド洋世界の間の交易は1世紀の末にはすでに衰退傾向にあり、エジプト船がインド洋各地の港を直接訪れて取引することも2世紀には少なくなっていた、という仮の結論が導き出せる」とする。

しかし、蔀は、この結論をあくまでも「仮」のものとし、さらに続けて「『案内記』の世界は、早くもこの頃から動揺を見せ始めていたのであろうか」と一抹の懐疑を示している。おそらく、この懐疑の由来するところは、考古学資料が提示する交易衰退のスピードが直ちに信じられないほど急速であり、一方で、少なくとも二世紀半ばまではそれなりの規模でのシルクロード交易の継続を推定させる史料、あるいは事実が存在するからであろう。

ムージリス・パピルスはその筆頭である。繰り返しになるが、このパピルスは二世紀半ばの五賢帝時代のものであり、この段階でも莫大な量の胡椒などがインドのムージリスからエジプトのアレクサンドリアにもたらされていた。また、前章でみたように、二世紀前半には、ファラサン諸島にローマ軍が派遣され、駐屯していた。この事実もまた、ローマ帝国が依然として紅海ルートに利を認め、その治安維持に関心を払っていた証左となるだろう。東方に関する知識も、二世紀半ばに書かれたプトレマイオスの『地理学』が示すように、『エリュトラー海案内記』の時代よりも、格段に正確になっており、この方面でのローマ人の活動が活発であったことを示唆している。

さらに、ユーラシア全体の情勢に目を広げても、シルクロード交易を衰退させるような要因は一世紀末から二世紀半ばまでは見当たらない。

ユーラシア大陸の四大帝国

この時代には、「はしがき」で示したように、ユーラシア大陸のシルクロード上には、西からローマ、パルティア、クシャーナ朝、後漢の巨大帝国が並んでいた。パルティアはやや微妙なものの、それ以外の帝国では比較的安定した秩序が見られた（4ページ、地図1参照）。そして、これがシルクロード交易繁栄の前提をなしていた。順に状況を確認していこう。

ローマについては多言を要しない。一世紀末から二世紀半ばと言えば、ちょうど帝国の最盛期とされる五賢帝時代の真っただ中にあり、ネルウァ帝（在位九六～九八年）、トラヤヌス帝（在位九八～一一七年）、ハドリアヌス帝（在位一一七～一三八年）、アントニヌス・ピウス帝（在位一三八～一六一年）の安定した治世が続いていた。

　パルティアでは、比較的長期の治世を維持したウォロガセス一世が七九年に没したのち、二世紀半ばにウォロガセス四世が即位するまで、王位をめぐる内乱が断続的に続いていた。トラヤヌス帝がパルティアに侵攻して来ていた時ですら、パルティアは内紛を起こしていたのである。ウォロガセス四世の治世は、一九一年まで続くので、パルティアの場合は、ローマや、続いてみるクシャーナ朝、あるいは中国とは異なり、二世紀後半のほうが安定していたことになる。ただし、第二章で確認したように、ローマと中国を結ぶシルクロードのメインルートは、インドを経由するものであり、パルティア領を通るペルシア湾ルートはその支線とも言うべきものであったので、パルティアの不安定さは、シルクロード交易の大勢にはそれほど影響はなかったであろう。

　一九八〇年代に放映されて話題を呼んだ「ＮＨＫ特集シルクロード」第二部「ローマへの道」では、パルティア領のイラン北部を通ってシリアに出る陸路が紹介されたが、このルートは、当時の陸路での物資輸送の困難さを考えれば、それほど重要性はもたなかったと考えられる。

　クシャーナ朝の最盛期は、仏教の保護者として名高い第四代のカニシュカ王の治世である。この王の在位年代については諸説あるが、現在では、即位年を一二〇年代後半とみる説がもっとも有力であるように思われる。一方で、カニシュカ王は、二〇年以上在位していたことは確かで、またカニシュカ王まではクシャーナ朝は上り調子であったので、一世紀末から二世紀半ばまでは、クシャーナ朝も安定していたと見てよいだろう。

　三代目の王ヴィマ・カドフィセスは、ローマのアウレウス金貨と同じ重量の金貨を大量に発行し、ローマとの交易の便を図ったとされるが、シルクロード交易は、もっぱら物々交換で行われていたので、ローマとの交易という点でどれほどの意味があったのかは疑わしい。現に、ローマ帝国内からは、クシャーナ朝の金貨はほとんど発見されていないのである。

　後漢では、一世紀末から二世紀半ばは、第四代和帝（在位八八～一〇五年）から一一代桓帝（在位一四六～一六七年）の治世に当たる。この間、若死にする皇帝が続くなど王朝自体は衰退の兆しが現れつつあったものの、国内はまだ安定しており、対外的にも、和帝の治世に、その西域経営は束の間の絶頂を迎えている。その立役者となったのは班超《はんちょう》である。
班超は七三年に西域に派遣されて以来、三〇年以上、西域に留まり、漢の勢力の拡張に努め、和帝治世の九〇年には西域の諸国をことごとく服属させ、翌九一年には西域都護に任じられている。さらに、九七年には、部下の甘英《かんえい》を大秦国（ローマ帝国）に派遣した。この年は、ローマ帝国では、五賢帝最初のネルウァの治世に当たる。

ところで、ローマ帝国を中国人が大秦国と呼んだのはなぜなのだろうか。白鳥庫吉は次のように説明している。古代の中国人は、自分たちと同程度の文明国ローマが西方にあることを知った時、それはきっと自分たちの同族に違いないと考えた。それでローマを秦国とみなしたのである。秦にさらに大の字がつくのは、「大いなる」や「偉大な」の意味ではなく、ローマの人は背が高いと聞いて、「背の高い自分たちと同じ中国人の国」という意味で、大秦国とローマのことを呼んだのである、と。

さて、件《くだん》の甘英は大秦国に到達することはできなかった。『後漢書』によれば、甘英は条支《じょうし》国まで行って「大海」に臨み、これを渡ろうとしたものの、パルティア（安息）の西の果ての船乗りから大秦国までは順風でも三か月、遅風に遭えば二年かかり、船中でホームシックにかかって死ぬ者もあると聞いて行くのを止めたとされているのである。

甘英が至った条支国の場所を、宮崎市定はシリアに、白鳥庫吉はペルシア湾頭のカラケネ国に比定している。筆者は、白鳥説を支持する。宮崎説に疑問を抱く第一の理由は、もし条支が宮崎の言うようにシリアであるとするならば、一世紀末にはシリアはローマ帝国領であったので、甘英は大秦国に至っていたことになり、大秦国に行くことができなかったとする『後漢書』の記述が理解できないものとなってしまうからである。

また、『史記』には、漢の武帝の時代（前一四一～前八七年）の条支国について「安息がこの国を支配下に置き、植民地としております（小川環樹他訳）」とあり、この点も条支＝シリアとすると説明が難しいが、カラケネ国であれば、パルティア王ミトリダテス二世（在位前一二四～前九一年）がこれを属国にしたことがあったので、史実と合致するからである。

東洋史学者小谷仲男は、甘英が西域都護府のあったクチャから発し、カンダハルを経て条支国に至ったと推定しているが、このカンダハルは古代にはアレクサンドロポリスと呼ばれていた都市で、パルティアが駅亭《えきてい》を配した公道の東端にあった。一世紀に書かれた『パルティア駅亭誌』の記すところでは、この公道は、アレクサンドロポリスからメソポタミア南部のセレウキアへ通じていた。甘英はおそらくこの公道を通り、セレウキアを経て、さらに南のカラケネ国に至ったのであろう。小谷は、漢籍の挙げる条支国の産物には、必ずしも条支のものではなく、交易によって条支に集積されたものも含まれていたとし、「後漢時代にイメージされた条支国は、本来の字音がどうあれ、ペルシア湾の西方に広がるアラビア半島から紅海、さらにはエジプトやエチオピアを含んだアラブ人の世界であったと思われる」と指摘している。

　話を元に戻すと、班超が老齢を理由に西域都護の職を退くと、西域の諸国は漢に叛《そむ》き、和帝に続いた安帝の治世（在位一〇六～一二五年）の一〇七年には西域都護は廃され、後漢の積極的な西域経営は早くも終わりを告げた。

　後漢の勢力が引いた後、西域に勢力を伸ばしたのはクシャーナ朝であり、このクシャーナ朝の下で、シルクロード交易は継続した。一方、前章で言及した大秦王安敦の使いが後漢の宮廷に至ったのは、桓帝の延熹九年（一六六年）のことであり、二世紀半ばには、漢とローマを結ぶもう一つのルートである海のシルクロードも開きつつあった。

　このように一世紀末から二世紀半ばまでのユーラシア大陸では、パルティアが例外的な動向を示すものの、ローマとクシャーナ朝は最盛期にあったし、後漢もその安定を維持していたのであり、シルクロード交易が脅かされる状況にはなかったと言えるだろう。

したがって、一世紀末以後の急速なシルクロード交易の衰退を示すのは、考古学資料のみということになる。しかし、現状で考古学資料が示すのは、あくまでも一部の地域の状況にすぎず、それもローマのシルクロード交易のもっとも重要な対象であった肝心のインドのバルバリコンやバリュガザ、あるいはネルキュンダの状況は分かっていない。したがって、考古学資料にとらわれることなく、少なくとも二世紀半ばまではそれなりの規模でシルクロード交易は継続していたと考えたい。

しかし、二世紀後半に入ると、後漢とローマ帝国を大きな変動が襲い始める。そして続く三世紀前半には、後漢とパルティアが滅び、クシャーナ朝は著《いちじる》しく衰退し、ローマ帝国は激しい動乱の中に落ち込むことになる。シルクロード交易繁栄の基礎となっていた巨大帝国が並び立つ時代は終わりを告げるのである。以下では、さらに、このあたりの事情を見ていこう。

後漢の滅亡

四つの巨大帝国のうち、最初に滅んだのは、後漢である。後漢では、桓帝に続いた霊帝の治世（一六八〜一八九年）に王朝を揺るがす黄巾の乱が起こり、この乱を機に後漢の衰退は決定的になる。

乱の主導者は、宗教結社太平道を率いた張角であった。当時、後漢では、疫病、洪水、旱魃《かんばつ》などの自然災害に加えて、中央政界では外戚と宦官の勢力争いが絶えず、社会不安が高まっていた。このような中、張角は病を呪術で治すことで信者を獲得していき、『後漢書』によれば、十数年で信者の数は何十万に膨れ上がり「青、徐、幽、冀《き》、荊、揚、兗《えん》、豫《よ》の八州の住民のなかで、この教えに帰依しない者はなかった（都築晶子訳）」という状況になった。張角は、この膨大な信者を、三六人の「方」と呼ばれる将軍の下に置き、組織化した。

なお『魏略』によれば、大秦国には、王の下に三六人の将軍が置かれていて、一人でも欠けると議事は行われないとされているが、張角の「三六人の方」は、大秦国に置かれていたとされる「三六人の将軍」と、その数が奇しくも一致する。R・A・スタンという研究者は、大秦国に関する記述には、太平道や五斗米道などの当時の宗教集団の制度や思想が反映していると考えている。

張角は、この組織された信者を動員して、一八四年二月に後漢王朝の打倒を掲げて、蜂起した。彼らは皆、黄色の頭巾を被っていたので、黄巾と呼ばれた。反乱は、冀、荊、兗、豫で特に激しかったが、張角が早々に病死したため、これらの諸州の反乱は同じ年の一一月には平定された。

しかし黄巾の乱の平定後も、華北では戦乱が続いた。後漢の朝廷で董卓《とうたく》が権勢をふるうようになると、これに敵対する袁紹《えんしょう》は反董卓連合軍を組織し、攻撃した。董卓はこれに抗しきれず、一九〇年には、都の洛陽を焼き払い、西へ逃れ、長安へ遷都した。

同じころ、青州と徐州では再び黄巾の残党が反乱を起こし、これら二州の黄巾が降伏するのは、一九二年のことであった。青州と徐州の黄巾を降伏させたのは、曹操であり、この曹操と袁紹は、二〇〇年に官渡の戦いで激突し、勝利した曹操が華北統一を成し遂げるのである。

そして、曹操の子曹丕《そうひ》は、二二〇年に後漢最後の皇帝献帝から帝位を譲り受け、新たに魏が興った。ここにシルクロードの交易の重要な一角を担ってきた巨大帝国の一つが滅んだのであった。この後、中国は魏、呉、蜀の鼎立《ていりつ》する三国時代に入る。

後漢末の混乱は、絹織物の生産地も直撃していた。後漢時代の絹織物の主産地は、現在の山東省と河南省であった。山東省は、かつての青州と徐州に当たるが、黄巾の乱が最後までくすぶったところである。河南省の絹織物の中心は、襄邑《じょうゆう》（商丘市）と洛陽であり、両所では高級な絹織物が作られていた。襄邑は兗州に属したが、兗州もまた黄巾の乱の被害の大きかった地域である。洛陽には、宮廷直営の織物工場があり、洛陽の豪族も周辺で絹織物を生産していたが、洛陽も董卓によって灰燼《かいじん》に帰したのであった。

　その他、後漢時代には、戦乱の被害の比較的少なかった江南や四川にも絹織物の産地は広がっていたが、輸出用となった高級品はやはり河南省で作られていたであろうから、一時的であったかもしれないが、絹の輸出に支障がでたであろう。

　華北の混乱がシルクロード交易に深刻な影響を及ぼすことは、時代は下るが、三一三年に書かれたと推定されるソグド人の「古代書簡」から明らかである。この書簡は、考古学者オーレル・スタインが一九〇七年に甘粛省で発見したもので、そのうちの一通である第二書簡では、甘粛省にいたソグド人商人がサマルカンドの同僚に宛てて、三一一年の永嘉の乱によって洛陽が破壊されたことについて報告している。

　書簡には、皇帝が飢饉のため洛陽から逃げ出し、宮殿と城は焼かれ、洛陽にいたインド人とソグド人の商人は皆、餓死したこと、また「もし私が中国がどうなったか〔について〕あなた方に書くとしたら、〔それは〕不幸を超えて（？）〔いるでしょう〕。あなた方にとってそこから〔得られる〕利益はありません（影山悦子訳）」と書かれている。この出来事の一二〇年ほど前の、一九〇年に董卓が洛陽を焼き払った時にも、同じようなことが起こっていても何の不思議もない。

一九〇年代であれば、中国との交易に主に従事していたのはクシャーナ朝の商人であったであろうから、クシャーナ商人の交易ネットワークの一部は崩壊し、ひいては交易でその繁栄を築いてきたクシャーナ朝そのものにも影響を及ぼすことになったであろう。

二つの帝国を倒したササン朝ペルシア

しかし、クシャーナ朝は、直接的には、中国との交易不振ではなく、新興のササン朝ペルシアの攻撃によって、巨大帝国の地位を失った。

クシャーナ朝を倒したササン朝は、イラン南西部のペルシス（ファールス）地方に起源を持つ王朝である。始祖のササンは、女神アナーヒター神殿の神官であったが、有力豪族と婚姻関係を結び、その子パーパクは、二一二年にパルティアに反旗を翻した。そして、パーパクの子アルダシール一世が二二四年に王アルダヴァーン四世を会戦で破り、パルティアを倒したのである。後漢に続いて、シルクロードの巨大帝国がまたも倒れた。
イスラムの歴史家タバリーによれば、新たな支配者となったアルダシール一世は、クシャーナ朝の王から恭順の意を示す書簡を受け取ったとされている。当時のクシャーナ朝の王は、ヴァースデーヴァであった。カニシュカ王から数えて、四代目の王である。急激に台頭したササン朝を見て、ヴァースデーヴァは敵対するのは得策ではないと考えたのであろう。

一方で、ヴァースデーヴァは、中国の魏にも使者を送っている。『三国志』魏書明帝紀には、魏の明帝の二三〇年に「大月氏《だいげつし》国の王、波調が使者をよこして貢物を献上したので、波調を親魏大月氏王に任じた（今鷹真・井波律子訳）」との記載があるのである。波調（パデウ）がヴァースデーヴァであることはほぼ疑いない。遣使の意図は『三国志』には書かれておらず、想像するしかないが、ササン朝の脅威を受けて、魏に援軍を求めたのかもしれない。ほぼ同じころ、すなわち二三八年に邪馬台国の卑弥呼は、親魏倭王の称号を魏から受けている。

ヴァースデーヴァは生き残りを画策したが、それは失敗に終わった。二六〇年代に書かれた「神君シャープール業績録」には、「ペシャワールに至るまでのクシャーナ人の土地」

がササン朝の領土の一部として挙げられているのである。ペシャワールは、ガンダーラ地方の都市で、カニシュカ王が冬の都としていたところであった。

クシャーナ朝は、二三〇年から二六〇年の間に、ササン朝によってガンダーラ地方と中央アジアのバクトリアとソグディアナの地を奪われ、インド北部を支配する小王朝に転落してしまったのである。こうして、クシャーナ朝も、シルクロード上の巨大帝国としては歴史の表舞台から、後漢、パルティアに続いて、姿を消したことになる。

大帝国であったクシャーナ朝のこのあまりにあっけない崩壊は、ササン朝の脅威に直面した二二〇年代には、既に王朝が相当に弱体化していたと考えなければ、説明がつかない。そして、この二二〇年代に先立つ時期が、ちょうど中国の華北の混乱の影響がクシャーナ朝に影響し始めたであろう時期と一致しているのは示唆的であろう。

ローマ帝国を襲ったパンデミックと戦争

ローマ帝国の異変は、後漢と同じく、二世紀後半に始まった。五賢帝最後のマルクス・アウレリウス帝の治世には、疫病と戦争がほぼ同時に帝国を襲ったのである。

疫病は、パルティアに遠征していたローマ軍が一六六年に持ち帰ってきたとされている。その正体ははっきりしていないが、天然痘とみるのが通説である。この疫病は、皇帝の名を取って「アントニヌスの疫病」と呼ばれている。

疫病の発生地は、『ローマ皇帝群像』の伝えるところでは、現イラクのバビロンであった。その地のアポロン神殿にあった黄金の小箱を、パルティアに遠征していたローマ軍の兵士がたまたま開けたところ、中から疫病の瘴気《しょうき》が発生し、パルティアのみならず、全世界に広がったのである。これがアントニヌスの疫病の起源についてもっとも流布《るふ》している話であるが、伝説めいていて非常に疑わしい。

この疑いは、ローマ軍のバビロン占領以前から帝国内に疫病が流行していた可能性を考慮に入れると、いっそう強くなる。すなわち、ローマ軍がバビロンを占領したのは一六五年の年末なのであるが、これに先立つ同じ年の夏には、高名な弁論家であったアエリウス・アリスティデスがスミュルナ（現トルコのイズミル）でこの疫病に既に罹患していたのである。つまり、疫病は一六六年以前にローマ帝国内に広まっていた可能性があるのである。

他方で、この疫病はエチオピアで発生し、エジプトを経て広がったとする記録もあり、こちらのほうが真実に近いように思われる。アラビアでは、マルクス・アウレリウス帝の前任のアントニヌス・ピウス帝の治世に疫病が流行していたとの証言もあり、疫病がエチオピアから紅海の交易ルートを通って、次第に北上していった様を読み取れるからである。W・H・マクニールの『疫病と世界史』によれば、一六一〜一六二年に中国でも深刻な疫病の流行が見られたのであり、シルクロード交易を介した人の移動がアフリカ起源の疫病を東西に広めたのかもしれない。

いずれにしても、一六六年にこの疫病はローマ市にまで広がった。この時、ローマ市に滞在していた、古代世界屈指の医師であったガレノスは、これを受けて、ローマ市を脱出している。ガレノスが伝えるところでは、一六八年の冬には北イタリアのアクイレイアに駐屯したローマ軍にこの疫病が蔓延し、この軍とともにいたマルクス・アウレリウス帝は、わずかな護衛とローマ市に退避し、残った軍のほとんどが疫病と冬の寒さで命を落としたという。

また一六九年以前の出来事として、『ローマ皇帝群像』は「［この頃］疫病がたいへん流行し、死体は車や荷車で運び出さねばならぬような状態だった。この時、［マルクスとルキウスの］両アントニヌス［皇帝］は、［人々が］勝手に墓を建てないよう警戒して、埋葬と墓に関するきわめて冷厳な法律を定めた。この禁止事項は今日も効力をもっている。疫病によって実際何千という人々が死んだが、その中には有力者も多数含まれていた。［マルクス・］アントニヌスは、死亡した人々のうちの最も立派な人々のために像を建てたのであった（南川高志訳）」と伝えている。

一七二年にもローマ軍全体がこの疫病に襲われ、壊滅的な打撃を受けたとする年代記の記事もある。

「アントニヌスの疫病」は、マルクスの治世を超えて蔓延し続け、マルクスの息子コンモドゥス帝治下の一八九年にも再び発生し、同時代を生きた歴史家カッシウス・ディオは、この年の被害がおそらくマルクス・アウレリウス帝の治世も含めて最も大きく、一日二〇〇〇人が亡くなったと伝えている。

この間、エジプトでは大幅な人口減少が見られた。中部のある村落では、一七八年の九月に徴税台帳に登録されていた二四四人の男性のうち、五九人が翌年の一月に亡くなり、さらに一九人が二月には死亡していたのである。二か月で徴税対象の男性が三分の一ほど消えたことになる。これは明らかに「アントニヌスの疫病」によるものであろう。同じ地方の別の村落でも、一四〇年代半ばから一七〇年代前半の間に、徴税対象の男性が三三〜

四七パーセント減っている。エジプト北部のデルタ地方の諸村落においては、状況はいっそうひどく、一五九年／一六〇年から一六九年／一七〇年の間に、やはり徴税対象の成人男性の人数が七割から九割減っているのである。

エジプトは、第二章で見たように、シルクロード交易の輸出品である布類やガラス製品のもっとも主要な生産地のひとつであったから、疫病は、生産力をも直撃していたことになる。

乾燥した気候のエジプトでは、パピルスに書かれた行政文書が残っているため、例外的に、以上のような具体的な数字を挙げて人口減少が確認できるのであるが、その他の地域でも、一六〇年代後半に大きな異変が起こっていたことを示すデータがある。

例えば、ドナウ川流域では、軍の除隊証明書が一六七年以後、一〇年間、突如として確認できなくなる。ローマ市では、一六六年から一八〇年の間、碑文が建てられなくなり、レンガや貨幣の生産量も減少した。イタリア全体を見ても、公共建造物の建築が一六〇年代には先行する時代より五〇パーセント以上減少する。トルコのフリュギア地方はイタリア向けの大理石の産地であったが、その生産量も一六六年から一七三年まで目立って減少する。

これらのデータの示す異変がすべて疫病に起因すると断言することはもちろんできないが、疫病の流行と時を同じくして、異変が起こっているのは偶然ではないだろう。

実際に帝国全土で、人口がどの程度減ったのかについては、専門家の間でも意見が割れている。二パーセント減を越えなかったとする説から五〇パーセント以上減とする説まである。「アントニヌスの疫病」が通説の通り天然痘だとすれば、この病気の致死率は二〇から五〇パーセントとされるので、相当の人口が失われた可能性がある。マクニールは、問題の疫病を天然痘とはしかとみなしているが、はしかの場合でも、その致死率は二五パーセントに上ったという。マクニールの推計では、はしかと天然痘によって、帝国民の四分の一から三分の一が死亡した。

疫病による人口減少は購買力の低下という意味で、シルクロード交易に悪影響を及ぼすことは疑いないであろうし、先に指摘したように、仮に疫病が紅海ルートを伝って北上してきたのならば、交易自体に直接に壊滅的な打撃を与えた可能性も排除できない。実際、シルクロード交易の重要拠点であったエジプトの港ベルニーケーは二世紀半ばに著しく人口が減少し、衰退したのであるが、この原因についてもアントニヌスの疫病によるものと推定する説もある。

「アントニヌスの疫病」が流行する中、ローマ帝国は大規模な戦争をも行わなければならなかった。一六六年末か一六七年初めに、ドナウ川北方に居住するゲルマン系の諸民族が国境線を越えて、ローマ領に侵攻してきたからである。

この戦争は、マルコマンニー族が侵入部族の中核をなしたため、マルコマンニー戦争と呼ばれる。一七〇年には、マルコマンニー族らは、北イタリアに大挙して侵入し、アクイレイア市を包囲し、コストボキ族はギリシアにまで侵入した。翌年末には、ローマ軍は勢いを盛り返したが、戦争自体は断続的に続き、マルクス・アウレリウス帝自身もしばしば出征を余儀なくされ、一八〇年には遠征先のウィンドボナ（現ウィーン）で病没する有様であった。最終的に、マルコマンニー戦争は、マルクス・アウレリウス帝の死後間もなく、その後継者コンモドゥスがマルコマンニー族らと講和し、終結した。

シルクロード交易との観点で、この戦争を見るならば、戦争による実質的被害よりも、その心理的インパクトを重視しなければならないだろう。ローマ帝国の本国であるイタリアが外敵に脅かされたことは、帝政開始以来、二〇〇年近くなかったことである。この意味でマルコマンニー戦争は、まさに太平の夢を破る出来事であったのであり、疫病の流行と共に予期せぬ未来への計り知れない不安を人々に掻き立てたことであろう。そして、将来への不安は、特に高級品への購買意欲の低下に繋がっていったに違いない。

軍人皇帝時代の危機

ローマ帝国は、以上のように、マルクス・アウレリウスの治世から危機の様相を呈し始めたのであるが、危機が劇的に深化するのは、二三五年に始まる軍人皇帝時代においてであった。

この時代、ローマ帝国は、北方からはゴート族をはじめとするゲルマン系諸民族の、東方からは新興のササン朝ペルシアの激しい攻撃を受けた。

外敵との戦争に際しては、皇帝自らしばしば戦場に臨んだが、戦いに敗れれば、皇帝の権威は著しく損なわれ、簒奪者《さんだつしゃ》が産み出されることになった。また帝国は、二面、三面戦争も余儀なくされていた。この場合、皇帝不在の戦線が発生することになるが、その結果、皇帝に代わって現地の軍を率いた者が皇帝に擁立されるということが起こり、二面、三面戦争もまた簒奪者の温床となったのである。そして、簒奪者が現れれば、今度は正統帝との戦いとなって、内乱に至った。

こうして激しい外敵の侵入は、対外戦争だけではなく、内乱にもつながることになったのである。軍人皇帝時代は、二八四年まで続くが、この半世紀足らずの間に、元老院によってその地位を承認された正統とされる皇帝だけで二六名を数えた。ローマ市に上って、元老院の承認を受けることができず、簒奪者のままで倒れた者を含めるならば、皇帝を称した者は、総数で五〇名を下らなかった。

軍人皇帝時代には、ローマ帝国は新たな疫病にも襲われた。この疫病は、これを記録した北アフリカのカルタゴの司教キプリアヌスにちなんで、「キプリアヌスの疫病」と呼ばれている。

疫病の発生が最初に確認された場所はエジプトのアレクサンドリアであり、それは二四九年のことであった。この疫病でアレクサンドリアの人口は六二パーセントも失われた。二五一年の初めには、この疫病はローマ市にも到達し、同年六月に皇帝となったガルスの治世は、「ただ疫病と死と悲嘆によってのみ知られる」と言われたほどであった。ガルスの同僚皇帝であったホスティリアヌスも一一月にこの疫病で命を落としている。

疫病は二五二年頃には、さらにカルタゴにも広がり、ガリエヌス帝治世の二六二年には、ローマ市とギリシアの諸都市では、この疫病で一日に五〇〇〇人以上が亡くなったとされている。エジプト、カルタゴ、ローマ、ギリシアの他にも、バルカン半島北西部のイリュリクム、トラキア、マケドニア、小アジアのポントス、さらにはシリアでも、この疫病が広まっていたことが知られている。

ペルシアに遠征していたウァレリアヌス帝の軍隊も、二六〇年のエデッサの戦いに際して、この疫病にやられていたとの記録も残っている。疫病は、二五一年から一五年間、帝国を苦しめたとされているが、クラウディウス帝もこの疫病にかかって二七〇年に死んだと考えられるので、この疫病の流行は、実際には、二〇年にもわたっていたことになる。マクニールは、「キプリアヌスの疫病」による被害は、「アントニヌスの疫病」によるそれよりもいっそうひどかったと推定している。

疫病の正体について、マクニールは、「アントニヌスの疫病」と同じく、はしかと天然痘であったとみなしているが、これらの病気に共通する丘疹の症状がみられないため、別の病気の可能性が高い。この疫病の症状として伝えられているのは、下痢、高熱、嘔吐、結膜出血、四肢の腐敗、聴覚や視覚の喪失などであり、また非常に感染のスピードが速かったので、K・ハーパーは、「キプリアヌスの疫病」は、ウイルス性の出血熱ではなかったかとの見方を示している。

ペルシア湾ルートの壊滅

軍人皇帝時代の危機がシルクロード交易に致命的であったのは、戦争や疫病に加えて、ササン朝ペルシアとの戦争に起因して、ペルシア湾ルートが壊滅したことであった。

先に見たように、二二四年に興ったササン朝は、東方においてはクシャーナ朝を攻撃したが、西方のローマ帝国に対しても、二三〇年頃から、アルダシール一世の下、攻勢に出てきたのである。ササン朝は、アケメネス朝の後継国家を自任しており、旧アケメネス朝の領土の回復、すなわちシリア、エジプト、小アジアなどをローマ帝国から奪回することを目指していたのである。

これを受けて、時のローマ皇帝アレクサンデル・セウェルス帝が東方に向かい、両者は二三三年に戦ったが、いずれの側も決定的な勝利を得ることはできずに終わった。二年後、アレクサンデル帝が軍によって殺害され、最初の軍人皇帝マクシミヌスが即位し、ローマ帝国は軍人皇帝時代に入るが、この混乱に乗じて、ササン朝のアルダシール一世は、再びローマ帝国への攻撃を開始した。北部メソポタミアの重要拠点であったニシビスやカラエの町が攻略され、二四〇年には、ローマと同盟関係にあったハトラも陥落した。しかし、ハトラの陥落は、ローマの強力な反撃を引き起こした。二四三年の春には、皇帝ゴルディアヌス三世が率いるローマ軍がユーフラテス川を渡ったのである。この時までに、アルダシール一世は没し、シャープール一世がササン朝の第二代皇帝となっていた。

ゴルディアヌス三世の軍は、ニシビスとカラエを奪還し、レサイナでペルシア軍を撃破して、順調にササン朝の都クテシフォン攻略に向けて軍を進めたが、しかし、二四四年の初頭に、ミシケの戦いで、シャープール一世に敗れた。ゴルディアヌス三世自身がこの戦闘で傷を負い、戦死するほどの大敗であった。ゴルディアヌス三世の後を継いだフィリップス帝は、シャープール一世に五〇万アウレウスという莫大な賠償金の支払いや、両国の係争地であったアルメニアから手を引くことを約束して撤退した。

シャープール一世は、しかしこれに満足せず、二五二年にはアルメニア問題を口実にローマ帝国へ再び侵入し、迎え撃ったローマ軍をシリアのバルバリッソスで撃破した。ローマ側は、六万もの軍勢を失ったとされている。勝ちに乗じたシャープール一世の軍は、シリアの内地深くに侵攻し、ヒエラポリスやアンティオキアなどの諸都市を次々と落とした。アンティオキアは、アレクサンドリアと並ぶ、シルクロード上の重要都市であった。

ペルシア軍の一部は、トルコのカッパドキアにまで侵入したが、ローマの正規軍はバルバリッソスで撃破されていたため、組織的な抵抗はできなかった。そのため、ササン朝を撃退したのは、シリアの在地有力者であった。一人は、ウラニウス・アントニヌスという者で、この人はシリアのエメサ（現ホムス）の太陽神の神官であった。もう一人は、パルミラの指導者であったオダエナトゥスである。

シャープール一世は、ウラニウス・アントニヌスとオダエナトゥスによって一旦、撃退されたものの、二六〇年に再び戦端を開き、カラエとエデッサを攻撃した。今度は、ウァレリアヌス帝が自ら七万の軍勢を率いて、両都市の救援に向かったが、エデッサ近郊でシャープール一世に敗れ、捕虜となった。シャープール一世の軍はシリア、カッパドキア、キリキアに入り、アンティオキアも再び陥落した。

この時も、シャープール一世の軍を撃退したのは、パルミラのオダエナトゥスであった。オダエナトゥスは、西方に残っていたウァレリアヌスの息子のガリエヌス帝から東方の軍の指揮権を委ねられ、この後、二六二年からは、ローマ皇帝に代わって、ササン朝へ積極的な攻撃を繰り返し、二度もクテシフォンへと進むことになる。

こうしてオダエナトゥスは、ローマとササン朝の戦争の中で急速に台頭し、事実上、ローマ帝国の東方の支配者となっていたのであるが、しかし二六七年には暗殺され、代わって妻のゼノビアが表舞台に登場した。

オダエナトゥスがローマとの協調路線を取っていたのに対して、ゼノビアはローマと敵対する道を選んだ。二六九年には小アジアのアンカラまで軍を進め、さらに二七〇年には、エジプトを占領したのである。

ゼノビアがエジプトに侵攻した背景には、ササン朝とローマとの連年の戦争に加えて、パルミラ自体がササン朝と敵対したため、パルミラが専ら交易に従事してきたペルシア湾ルートがほとんど機能しなくなったことがあるだろう。ゼノビアは、紅海ルートにパルミラのシルクロード交易の生命線を見出していたのである。なお、パルミラの商人は、ゼノビアの侵攻に先んじて、二世紀後半以後、エジプトに進出し、紅海ルートでの交易にも従事し始めていたことが知られている。

しかし、パルミラによるエジプト占領はローマの容認するところとはならず、アウレリアヌス帝は二七二年には東方へ進撃してきた。ゼノビアは、アンティオキアとエメサの近郊でアウレリアヌスの軍を迎え撃ったが、二度とも敗れ、ササン朝に亡命するところをユーフラテス川畔で捕らえられて、ローマに送られた。

パルミラは、アウレリアヌスによって一旦、占領されたが、アウレリアヌスがパルミラを離れた機会を捉えて、反乱を起こしたため、取って返したアウレリアヌスに徹底的に破壊され、歴史の表舞台から消えた。

こうして、ササン朝とローマの抗争で機能不全に陥っていたペルシア湾ルートは、パルミラの滅亡によって、その交易の担い手すら失ってしまったのである。

揺らぐ紅海ルート

アウレリアヌス帝に続いたプロブス帝の治世（二七六～二八二年）には、パルミラがその支配を目指した紅海ルートも揺らぐことになった。

五世紀のゾシモスという歴史家によれば、エジプトのテーバイ地方にあったプトレマイス市が遊牧民ブレンミアエ人と同盟を結んで反乱を起こし、ナイル川畔のコプトスを攻撃したが、プロブス帝が軍を送って騒乱を鎮めたとされている。一方、『ローマ皇帝群像』はコプトスとプトレマイスがブレンミアエ人に征服されたので、これをプロブス帝自らが赴いて解放したと、ゾシモスと少し異なることを伝えている。

おそらくゾシモスの記述が正しく、『ローマ皇帝群像』は、プロブス帝を英雄にするため、エジプトの騒乱を誇張し、かつこれを鎮めたのがプロブス帝自身であったと記述することで、同帝の功業を強調しているのであろう。

いずれにしても、重要なことは、コプトスがブレンミアエ人によって攻撃されていたことであり、この事実自体はゾシモスでも『ローマ皇帝群像』でも変わらない。そして、このコプトスは、これまでもたびたび本書で言及してきたように、ナイル川と紅海の港ベルニーケーやミュオス・ホルモスとの結節点となっていた紅海ルートの重要都市であった。

コプトスを攻撃したブレンミアエ人は、紅海とナイル川の間の東方砂漠南部に住んだヌビア系の遊牧民で、三世紀後半には北上してしばしばローマ領エジプトを攻撃するようになっていた。このため紅海ルートの治安は悪化していた。ディオクレティアヌス帝時代の、おそらく二九八年には、ブレンミアエ人の圧力をそらすため、ドデカスコイノスと呼ばれたエジプト南部の地方が放棄され、ローマの国境は、シエネ（現アスワン）まで大幅に後退することになる。

しかしながら、政治的混乱や戦争、あるいは疫病に起因する交易の沈滞は、これらが克服されれば、時間の問題で回復するもので、本来は一時的なものに留まるはずである。とところが、実際には四世紀になってもローマ帝国のシルクロード交易は、もとの規模に戻ることはなかった。実は、ローマ帝国のシルクロード交易にとっていっそう致命的な事態が同時に進行していたからであった。それは、アクスム王国の台頭とササン朝ペルシアの海上進出であった。

紅海の制海権を喪失したローマ

第一章でみたように、エチオピア高原に興ったアクスム王国は、一世紀には紅海沿岸のアドゥーリに勢力を伸ばしていたが、二世紀末以後になると、紅海を渡って南アラビアにまで進出を始めた。

当時の南アラビアには、サバァ、ヒムヤル、ハドラマウトの三つの王国があり、互いに争っていたが、アクスム王国はこの王国間の争いに巧みに乗じながら、勢力を伸ばし、アラビア半島南西部の紅海沿岸だけでなく、内陸部の交易拠点ナジュラーンにまでその支配を広げたのである。それは明らかに交易の独占を狙ったものであった。そして、アクスムの王、あるいは王子が南アラビアのサワーに駐在し、ナジュラーンには王の代官が置かれた。蔀勇造の考えでは、アクスム王国の南アラビア支配は、ササン朝によってその勢力が駆逐される六世紀後半まで続き、この間の三世紀半ばには、アクスムの王は、本国エチオピアでの反乱を機に、大遠征を敢行し、北は紅海北部のレウケー・コーメー、南はソマリア北部のアデン湾の沿岸まで制圧した。こうしてアクスム王国は、三世紀後半には、ローマ帝国、ササン朝、中国と並ぶ、世界の四大帝国の一つとして、マニ教の創始者マニによって数えられるに至ったのである。

紅海沿岸地帯は、完全にアクスム王国の支配下に入り、おそらく四世紀以後は、ローマ人自身が自分たちの船で、紅海を経てインドに直接向かうことはほとんどなくなったようである。インドに赴くローマ人は、アドゥーリまで行って、そこからはアクスム王国の船に乗るようになったのである。

六世紀のネストリウス派のキリスト教修道士コスマスによれば、この時代のスリランカは、中国の絹をはじめとする東西の商品の集まる交易センターとなっており、インド、ペルシア、アクスムの商人たちで賑わっていたが、そこにもはやローマ人の姿は言及されていない。また同じく六世紀のビザンツ帝国の歴史家プロコピウスは、ササン朝から絹を買うことを嫌ったユスティニアヌス一世がアクスムの商人を介して絹を買おうとしたが、絹はペルシアの商人が独占しており、目的を果たせなかったとの記事を残している。ここからもローマ人がシルクロード交易に直接に関与しなくなっていたことが読み取れる。プロコピウスの記事からは、シルクロード交易において六世紀にはアクスム商人と並んで、ササン朝のペルシア人が羽振りを利かせていたことが分かるが、このペルシア人の海上進出も三世紀に始まったのである。

ペルシア人の海上進出

アクスム王国が交易の独占を目指して紅海沿岸の支配を積極的に推し進めたのと同様に、ササン朝ペルシアもペルシア湾の沿岸を直接の支配下に置くことに努めた（地図6参照）。パルティア時代の末期には、ペルシア湾右岸の勢力は対岸のアラビア人と同盟を結んで、ペルシア湾交易の利を一部手にしていたが、ササン朝の創始者アルダシール一世は、これを排除した。そして、ペルシア湾沿岸一帯に、アスタラーバード・アルダフシールをはじめとするアルダシール一世自身の名を冠した一一の都市を建設、あるいは既存の都市を強化したのである。

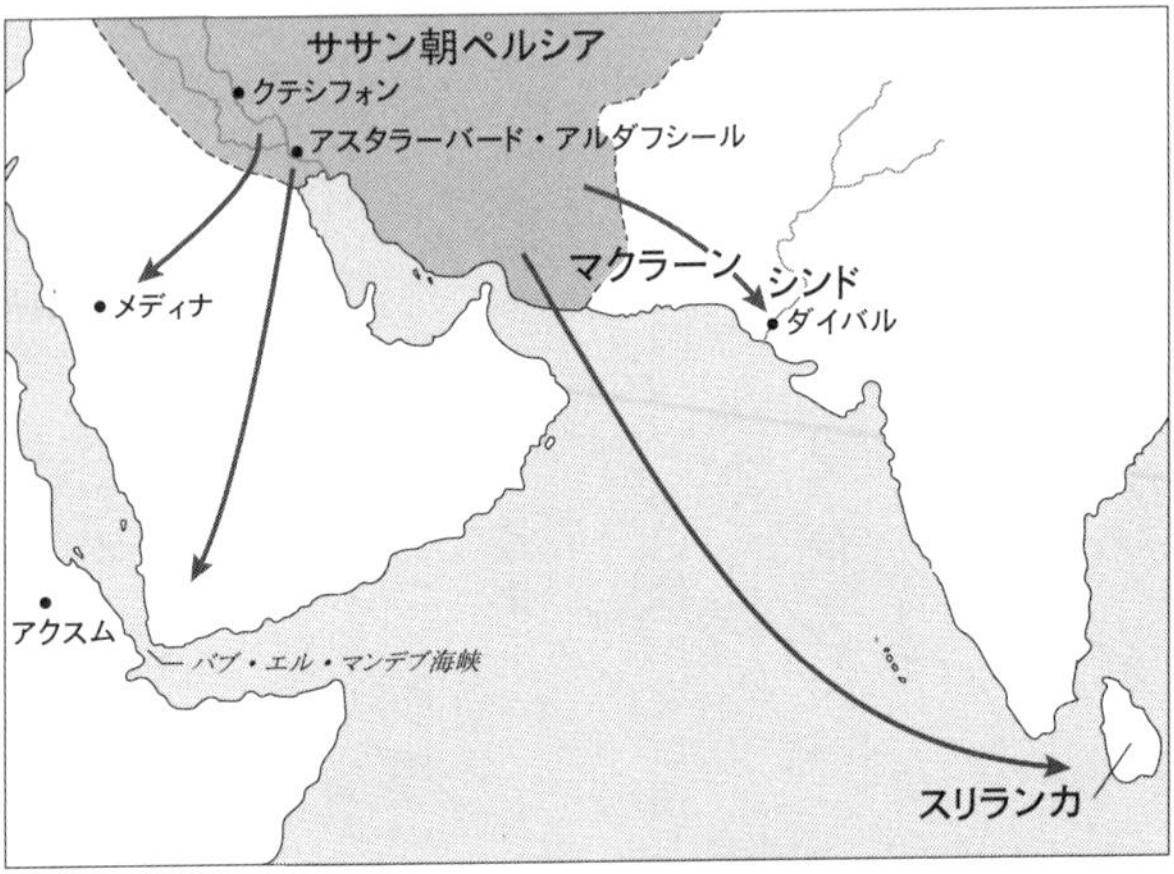

地図6　ササン朝の海上進出

シャープール二世（三〇九〜三七九年）の治世には、アラビア人がペルシア湾右岸を攻撃したので、同帝自ら軍を率いて、アラビア半島へ懲罰のため遠征し、その海岸地帯を荒らし、内陸深く、メディナの近くまで軍を進めた。さらに、五世紀のバーラーム五世（在位四二一〜四三八年）は、インドの王女と結婚し、その結婚の持参金としてインダス川河口のダイバルとその周辺のシンドとマクラーンの地を得たとされている。こうして歴代の皇帝たちがインド洋周辺地帯の支配と治安維持に努めた結果、六世紀にはコスマスやプロコピウスが伝えていたように、ペルシア商人は、シルクロード交易において圧倒的な力を持つようになったのである。

さらに、ササン朝に黄金期をもたらしたホスロー一世（在位五三一～五七九年）は、五七〇年代にイエメンに軍を送り、アクスムの勢力を追い払い、紅海とアデン湾を分けるバブ・エル・マンデブ海峡も制圧し、紅海ルートも扼するまでになった。のみならず、ホスロー一世はスリランカも征服したと伝えられる。ササン朝の海上交易活動は、やがて中国との直接交易にまで発展し、八世紀の末には継続的にそれが行われるようになるのである。

ローマ帝国商人の撤退

アクスムやペルシアの商人の台頭をローマ帝国の商人が許した背景には、彼ら自身が自発的にシルクロード交易から撤退していったという側面もあったように思われる。

ローマ帝国のシルクロード交易は、巨額の利益をもたらし得たが、その分、リスクもまた非常に大きかった。すぐに思い浮かぶのは、難破のリスクである。難破のリスクがどの程度であったのかは、ローマ時代については分からないが、近世ヨーロッパ諸国の東インド会社の事例が参考になるだろう。

会社の商船は、アフリカ周りでアジアへ向かったが、一八世紀までの二〇〇年ほどの間に、オランダ東インド会社の船は往路では二・二パーセントが、復路では四・二パーセントが難破した。イギリス東インド会社の船の場合は、難破に加えて、他国に拿捕《だほ》された船も含めての数字となるが、その数字は全体の約五パーセントに上った。なお、拿捕の割合は、オランダ東インド会社で一パーセント未満であるので、イギリスも同じ程度とみてよく、やはり難破が最大のリスクであった。フランス、デンマーク、スウェーデンの船は、六パーセントほどが難破や拿捕で失われたとされている。ローマ時代の船舶の能力や操船技術が近代と比べて格段に高かった、あるいは低かったとも思われないので、同程度の割合の船が難破したであろう。

　またインドへ向かうローマの商船は、モンスーンの関係で、七月にエジプトの港を出て、八月下旬から九月上旬にアデン湾とアラビア海を横断し、帰途のインドからの出立は一二月末から一月末であった。往路は三〇日ほどかかったと思われるので、インドでの滞在期間は、三、四か月ほどであった。インドでの滞在期間が限られていたことも、交易のリスクとなった。なぜならば、この間に、輸入する商品を必要な量、必ず仕入れなければならなかったからである。

　仮に、絹を求めてインドに来ても、何らかの事情で、それこそ黄巾の乱でも、董卓の長安遷都でもよいが、一時的にでも中国からの絹の供給が滞ったならば、絹を目指していた商船は十分な量の商品を仕入れられないことになる。胡椒も毎年豊作とは限らない。ローマの商人は、その多くが資本家から高額の借金をして、交易に携わっていたので、商品仕入れのために、もう一年インドに留まることになれば、資本家にとっては資本の回転が悪くなり、借り手の商人の側も利子が膨らみ、破産の危険があった。そもそも、もう一年待っても、希望の商品が予定通り手に入る保証はどこにもなかった。

さらには交易先や交易路の治安悪化、過剰供給、あるいは需要の減退など、シルクロード交易のリスクは、数え上げればきりがないであろう。にもかかわらず、当時、リスク回避のための保険事業があったわけでもない。このため、リスクが高まれば、ローマ帝国の商人は、シルクロードの交易から自発的に撤退した可能性が高い。

この傾向に拍車をかけたのが、前章の最後に言及したローマ人の商業に対するメンタリティであった。元来、ローマ人は、商業を卑しみ、一旦、商業で財を成したならば、その金で土地を買い、地主になることを望んだ。地所から入ってくる不労収入とその収入を投資して上がる収益で生活することがローマ人の上層階級にふさわしい、威信のある生き方とみなされていたのである。

一世紀に著された古代ローマの小説『サテュリコン』には、トリマルキオンという名の大金持ちの解放奴隷が登場するが、トリマルキオンは亡くなった主人から譲り受けた財産を元手に、地中海で貿易業を行い、大儲けをする。そして、儲かった金で土地を買い、「生れ故郷全土よりも大きい地所を持つにいたったとき、これを潮時に仕事をやめた。事業から身を引くと、解放奴隷を通じて金貸しを始めた（国原吉之助訳）」のである。トリマルキオンは実在の人物ではないが、描かれているメンタリティはフィクションではない。

　このようなシルクロード交易の性格やローマ帝国の商人のメンタリティを考慮に入れるならば、ローマ帝国の商人にシルクロード交易から手を引かせた最初の大きな契機は、マルクス・アウレリウス帝の治下に発生した「アントニヌスの疫病」とマルコマンニー戦争にあったように思われる。同時期には、ローマ帝国のみならず、中国でも黄巾の乱を機に動乱の時代が始まり、ユーラシア規模でシルクロード交易のリスクは著しく高まっていったからである。このような状況は、ローマ帝国の商人にシルクロード交易から漸次撤退させる十分な要因となり得たであろう。二世紀末以後のアクスム王国やササン朝ペルシアの海上進出は、その空白を埋めるものでもあったのである。

儲からなくなったシルクロード交易

以上のように、ローマ帝国のシルクロード交易は、二世紀後半以後のローマ帝国を含むユーラシア情勢全般の悪化に伴って衰退し始め、三世紀後半にはどん底の状態に陥ったと考えられるのである。またその間に起こった、ローマ帝国商人の撤退とアクスム王国とササン朝の台頭は、シルクロード交易の構造変化をもたらすものであった。とりわけ、ササン朝の海上進出は、陸路のみならず、海路においても同朝がシルクロード交易の仲介者となったことを意味したからである。そして、実際に四世紀以後、ローマ帝国の商人は、インドまで直接赴いて商売をすることはなくなっていたのである。

アクスムやササン朝のような仲介者が出現すれば、当然のことながら、交易に際して仲介料、あるいは関税が上乗せされるようになり、ローマ帝国の商人の利益率は大きく下がったことは疑いない。そうなれば、いよいよ彼らはシルクロード交易に消極的になっていったであろう。

一方、ローマ帝国の二五パーセントの外国関税の税率も、おそらく三世紀半ばには、半分の一二・五パーセントに引き下げられた。この処置は明らかに、商人の利益率が下がったため、従来通りの二五パーセントの関税を取り続けることが難しくなった結果であろう。ローマ帝国のシルクロードの交易量そのものは、軍人皇帝時代の後、ローマ帝国に一定の秩序がもたらされると、相当程度回復したと考えられているが、しかし、そもそも税率が半分になっていた以上、国家の関税収入がかつての額を取り戻すことは二度となかったのである。

第五章　東西分裂へ——軍事政権・増税・異民族の侵入

関税収入の減少と人件費の増加

一世紀にピークを迎えたローマ帝国のシルクロード交易は、二世紀後半のマルクス・アウレリウス帝の治世以後、衰退し始め、三世紀後半にはどん底の状態となり、二度ともとの規模に戻ることはなかった。このことは、ローマ帝国にとっては、多い時には国家予算の五割近くを占めていた関税収入の減少を意味した。おそらく、三世紀の後半には、一時的にゼロに近くなったと言っても過言ではないだろう。

関税と共に特別の財源となっていった鉱山からの収入も、同じくマルクス・アウレリウス帝の治世より急激に減少した。また帝国の周辺には、征服して利益のある土地もほとんどなくなっていた。疫病による人口減少は、地租と人頭税の税収も減らしたであろう。

にもかかわらず、このような収入の減少にともなう財政難に逆行する形で、ローマ帝国の国家支出の七割以上を占めていた軍事費が、二世紀末以後、著しく増加していくことになった。それは具体的には兵士の数が増え、彼らの給料が上がったからであった。次いで四世紀になると官僚の数も増加し、いよいよ人件費が国家財政を圧迫するようになる。

しかし、収入の減少と支出の増加に対して、帝国が取りうる対策はそれほどなかった。強制徴発を除いては、経費を節減するか、増税するか、あるいは悪貨を鋳造して、お金そのものを増やすしかなかったのである。ローマ帝国は、これらの対策を三世紀前半のカラカラ帝（在位二一一～二一七年）以後、試みることになるが、いずれの対策も帝国の衰亡につながるものであった。

軍の力で即位したセウェルス帝

軍事費の増加は、セプティミウス・セウェルス帝の治世（一九三～二一一年）に始まる。セウェルス帝は、その治世初期に、ローマ市に駐屯する近衛隊、首都警備隊、夜警隊を増強し、また同市の近郊には新たに創設した第二軍団パルティカを配備したからである。これによってイタリア半島の軍事力は、従来の一万一五〇〇から三万へと、およそ三倍に膨れ上がった。

さらに第一軍団パルティカと第三軍団パルティカも創設され、これらの軍団は、これもセウェルス帝によって新設された属州メソポタミアに配備された。一軍団の数は、五五〇〇名ほどであったので、二個軍団で一万を超える増員となった。イタリア半島の軍事力と合わせれば、セウェルス帝の治世に、三万以上、兵員が増えたことになるのである。

その上、セウェルス帝は、一世紀末のドミティアヌス帝の治世以来、据え置かれていた兵士の給与を引き上げた。兵士の年収は、一二〇〇セステルティウスから一六〇〇セステルティウスへと一気に増えたのであった。

セウェルス帝が一連の処置に踏み切った背景には、同帝が六九年のネロ帝死後の内乱以来、実に一二四年ぶりに、内乱を制して軍の力で皇帝になったということがあった。軍の力を誰よりもよく知っていたセウェルス帝は、自身の近くに強大な軍事力を保持することを欲して、イタリア半島の軍事力を強化し、また帝国全土の兵士の支持を得るべく、その給与を大幅に増額したのである。

セウェルス帝は、給与を増額しただけでなく、一般兵士に騎士身分への昇進の道を開き、従来は禁じられていた在職中の結婚を認めた。歴史家カッシウス・ディオは、セウェルス帝が二人の息子、カラカラとゲタに残した遺言を伝えている。それは「兄弟仲良くせよ。兵士を富ませよ。その他の者たちは軽視してよい」というものであった。兄弟仲良くせよとは、カラカラとゲタの兄弟仲が悪かったことを憂慮しての言葉であり、続く言葉についての説明は不要であろう。セウェルス帝は、その最期まで軍の支持さえあれば、帝位は安泰だと考えていたのである。

　しかし、セウェルス帝の憂慮もむなしく、その死後、兄弟仲は悪化の一途をたどり、カラカラ帝は、弟のゲタ帝を殺害する。殺害されたゲタ帝はその容姿が父親のセウェルス帝に似ていたこともあって、軍に好まれていたため、カラカラ帝は金をばらまくことで、その支持を得る必要に迫られた。そのためカラカラ帝は、兵士の給与をさらに五割も増やし、二四〇〇セステルティウスとしたのである。

　セウェルス親子の軍事費の増額によってローマ帝国の国家予算は、二一五年頃には、一四億六〇〇〇万～一六億一〇〇〇万セステルティウスほどになっていた。セウェルス帝以前の一世紀後半段階の国家予算が、八億三〇〇〇万～九億八〇〇〇万セステルティウスであったので、国家予算額は大幅に増えたのである。この数字を試算するＲ・ダンカン＝ジョーンズによれば、ローマ帝国の国家収入は、一世紀末の段階で八億セステルティウスをわずかに超えるくらいであった。

　またＷ・シャイデルというアメリカの学者は、もう少し国家収入は多く、一〇億セステルティウスほどと推定する。シャイデルは、関税収入を筆者の推定よりも二億セステルティウスほど低く見積もっているので、シルクロード交易が最盛期であった時代には、ローマ帝国の国家収入は、一二億セステルティウスほどあったかもしれない。しかし、そのような時代は既に過ぎ去りつつあったし、仮に一二億セステルティウスの収入があったとしても、軍事費が大幅に増えては、全く足りなくなっていたのは明らかである。

カラカラ帝の増税と悪貨鋳造

カラカラ帝は、増税と悪貨の鋳造へと踏み切らざるを得なくなった。

このカラカラ帝の名は、ローマ市の世界遺産カラカラ浴場の建設者としてわが国でもよく知られているだろう。

なお、カラカラというのは、この皇帝のあだ名であって、本名はマルクス・アウレリウス・アントニヌスという。マルクス・アウレリウス・アントニヌスの名は、父親のセプティミウス・セウェルス帝が五賢帝最後のマルクス・アウレリウス・アントニヌス帝を尊敬していたため、息子にも同じ名を付けたことに由来する。したがって、カラカラ浴場というのも現在の通り名にすぎず、当時はアントニヌスの浴場と呼ばれていた。あだ名のカラカラは、彼が好んで身に着けた、カラカラと呼ばれたガリア風のマントにちなんだものである。

また高等学校で世界史を習った人には、カラカラ帝は、二一二年にアントニヌス勅令を発した皇帝としても記憶されているかもしれない。アントニヌス勅令は、ローマ帝国のほぼ全自由住民にローマ市民権を付与することを命じた勅令である。しかし、カッシウス・ディオによれば、実は、この勅令の真の目的は、増税にあった。勅令が発せられる以前には、相続税と奴隷解放税はローマ市民権の保持者にしか課せられていなかったため、カラカラ帝は、ローマ市民権という「名誉をあたえるという口実で」、相続税と奴隷解放税を従来は非課税であった者たちにも支払わせようとしたとされる。

さらに、これらの税の税率も五パーセントから一〇パーセントに引き上げられた。カラカラ帝がアントニヌス勅令を発した二一二年は、彼が即位した翌年でもある。即位早々にカラカラ帝が増税を目的としたこのような勅令を発したのは、先に見たように弟のゲタを殺した結果、兵士を懐柔する必要に迫られてのことであった。

アントニヌス勅令によって実際にどの程度の増収になったのかは分からないが、それでもお金が足りなかったのは確かで、カラカラ帝は、二一五年には、デナリウス銀貨二枚に相当する大型のアントニニアヌス銀貨を新たに発行し、兵士の給与に配った。アントニニアヌス銀貨の銀の含有量は、五九パーセントほどで、一方、従来のデナリウス銀貨は五四〜五八パーセントほどであったので、銀の含有率そのものはそれほど変わらなかった。しかし、アントニニアヌス銀貨は、重量については、本来そうあるべきデナリウス銀貨の二倍ではなく、一・五倍しかなかったので、明らかに悪貨であった。

そして、このような悪貨の発行は、悪しき先例となり、続く皇帝たちも、金に困ると、アントニニアヌス銀貨を大量に発行するようになった。その上、アントニニアヌス銀貨の銀の含有量は、漸次低下し、最終的にクラウディウス二世の治世（二六八〜二七〇年）には、その含有量は二〜三パーセントしかなくなるのである。アントニニアヌス銀貨は、銀メッキした銅貨と化したのである。

一方のデナリウス銀貨の銀の含有量も、マルクス・アウレリウス帝の時代には、七四〜七六パーセントほどあったにもかかわらず、セウェルスとカラカラ親子の治世には、五八〜五四パーセントにまで急激に下がり、結局、アントニニアヌス銀貨と同じ傾向を辿って下落しつづけ、ガリエヌス帝の治世（二五三〜二六八年）には、八パーセントにまで銀の含有率は落ち込んだ。

これらの銀貨の価値の下落は、激しいインフレを引き起こした。また銀貨の価値低下に伴って、銅貨もその価値を喪失し、三世紀後半には、金貨、銀貨、銅貨の三本立てであったローマ帝国の貨幣体系そのものが崩壊することになる。

アレクサンドリアの大虐殺とパルティア遠征

カラカラ帝は、二一四年からはローマを離れて、東方へ向かい、二一五年にはシリアのアンティオキアに入り、その年末から翌年にかけてはエジプトのアレクサンドリアに滞在し、アレクサンドリアにおいては住民を大虐殺した。アレクサンドリアの住民は口が悪いことで名高かったが、カラカラ帝に対しても弟殺しの件を初め、いろいろ悪口を言っていたので、それに腹を立てて大虐殺に及んだとされている。

カッシウス・ディオによれば、カラカラ帝は、まず迎えに出てきた市の有力者たちを親切にもてなすふりをして殺害した後、軍と共に市内に入り、無差別に住人を殺した。ディオは、アレクサンドリアに滞在していた外国人は、商人を除いて、すべて追い払われたとも伝えている。

アレクサンドリアは、繰り返し述べてきたように、シルクロード交易の一大中心地であり、インド人なども多数滞在していた。カラカラ帝は、彼ら外国人商人への一定の配慮を有しつつも、一方で、商業活動が破壊されるのを度外視して、アレクサンドリアで虐殺を行ったのであった。カラカラ帝については、カラカラ浴場の建造やアントニヌス勅令の発出のイメージから肯定的な印象を持たれている読者が多いかもしれないが、実際には、ネロ帝やカリグラ帝と並ぶ、いやそれ以上の暴君であったのである。

カラカラ帝は、二一六年の初頭には、アレクサンドリアを離れ、再びアンティオキアに戻り、パルティア遠征を開始した。当時、パルティアでは、アルタバヌス四世とウォロガエセス六世が王座を争っていた。

カラカラ帝は、アルタバヌス四世のほうに、その娘との結婚を申し込み、手紙の中で、強大な両国が一つになることで、全世界を征服することが可能になり、また商業も活発になって、パルティアのスパイスや織物とローマの金属と工芸品が互いに容易に入手可能になるであろうと言ったとされている。カラカラ帝は、アレクサンドロス大王の熱烈な崇拝者であり、その遠征の動機に、アレクサンドロス大王へのあこがれがあったことは疑いない。他方で、シルクロード交易の活性化を念頭に置いていたことが読み取れる証言も残されているのである。

しかし、この求婚は断られ、カラカラ帝はこれを口実に、パルティアへ侵攻し、北部メソポタミアで軍事活動を続けたが、二一七年四月八日にカラエで、護衛部隊から離れて用を足している時に暗殺された。

カラカラ帝の暗殺後、帝位に即いたマクリヌス帝はパルティアと講和を結んだが、その際には、二億セステルティウスもの賠償金を支払わねばならなかった。

年金削減が異民族の侵入を招いた

ローマ帝国の支出の八割以上は、兵士や官僚への給料によって占められており、これらを削ることは困難であった。とりわけ、兵士の給与は一旦、上げたならば、これを下げることは皇帝にとっては命取りであったので、削減対象にはできなかった。

人件費に次いで多かったのは、兵士や市民への下賜金であったが、これらも特に兵士に対するものは、同じ理由で削減は難しい。そうすると、あとは建築費と、R・ダンカン＝ジョーンズが「その他」とする費目しか残っていない。「その他」に含まれる費目で、もっとも多かったのは、異民族への年金であった。

　年金の対象になっていた異民族は、ローマ帝国の国境であったライン川とドナウ川の向こうに住む主にゲルマン系の諸民族であった。ゲルマン系の諸民族は、統一国家を形成しておらず、部族ごとに分かれて生活しており、一部の部族はしばしばローマ帝国領に侵入し、略奪行為を働いた。そのため、ローマ帝国は、毎年一定額の年金を支払うことで、彼らの動きを止めていたのである。軍事援助と引き換えの条件を付けて、ローマ帝国が年金を支払っている場合もあった。年金の支払いは、このようにローマ帝国にとっては安全保障政策であった。

　しかし、国境沿いに住むすべての部族が年金を受け取れたわけではなかったので、年金を求める部族は後を絶たなかった。例えば、二三〇年代の話であるが、ドナウ川下流域に住んでいたカルピ族は、近隣のゴート族が年金を受け取っているのに、なぜ我々は受け取れないのか、と言いに来るような始末で、これでは帝国の財政負担は増えていく一方であった。他方で、これを受け取っていたゲルマン民族の指導者層にとっては、年金は、自身の権力の維持に不可欠なものとなっていたので、その停止、あるいは削減は、彼らの強い不満を引き起こし、戦争へと繋がったのである。

異民族への年金の停止、あるいは削減は、セウェルス朝に続いた軍人皇帝時代から見られるようになる。フィリップス帝（在位二四四～二四九年）は、二四六年にゲルマン民族の一派ゴート族への年金を打ち切った。その結果、オストロゴタ王に率いられたゴート族は、バルカン半島の諸属州へ侵入した。年金の打ち切りが戦争になることは、フィリップス帝も分かっていたはずである。にもかかわらず、そうせざるを得なかったのは、財政難のためであった。特に、フィリップス帝は、即位時の二四四年にササン朝ペルシアと講和するために、アウレウス金貨を五〇万枚、つまり五〇〇〇万セステルティウスを支払っていたことが大きかったのであろう。

二五一年には、ガルス帝は、ゴート族との講和を結ぶに際して、彼らに年金を支払うことにしたが、ゴート族は支払われた額が約束より少ないと不平を言って、二五三年にはローマ領に侵入した。侵入したゴート族を迎え撃った属州モエシアの総督アエメリアヌスは、勝利を挙げたため、軍の支持を得て、皇帝に擁立され、ガルス帝を倒すことになるので、年金の削減は、異民族の戦争に留まらず、内乱をも引き起こし、軍人皇帝時代の帝国の混乱の大きな要因となっていたのである。

ディオクレティアヌス帝の諸改革——軍人と官僚の増加

軍人皇帝時代の混乱は、二八四年に即位したディオクレティアヌス帝によって収拾された。しかし、そのために講じられた施策は、軍人と官僚の数を著しく増加させるもので、いよいよ国家財政は圧迫されることになった。

ディオクレティアヌス帝が軍人皇帝時代の混乱収拾のために最初にとった施策は、四帝分治体制を敷くことであった。四帝分治体制は、ディオクレティアヌス帝と同帝に任命された三名の同僚皇帝が協力して帝国を統治する仕組みであり、ディオクレティアヌス帝は、この体制でもって、一人の皇帝の防衛範囲を縮小し、また皇帝不在の戦線でしばしば発生する簒奪者の出現を防止することを目指したのである。この体制は功を奏し、軍人皇帝時代の混乱は収められた。

しかし、その結果として、各々《おのおの》の皇帝が宮廷を構え、軍を備えることになったので、必然的に国家の負担は三倍にならざるを得なかった。ディオクレティアヌス帝は、国境防衛にも意を注いだので、辺境の軍も増強された。こうして、ローマ軍の兵員は、五〇万から六〇万ほどになったと考えられている。セウェルス朝期の兵員が三五万から四〇万ほどであったので、一五万から二〇万人ほど兵力が増強されたことになる。

さらにディオクレティアヌス帝は、行政の効率化やより緊密な統治を図って、属州を細分化した。ディオクレティアヌス帝以前のローマ帝国は五〇ほどの属州と呼ばれる行政単位に分けられていたが、ディオクレティアヌス帝は、これを細分化し、一〇〇ほどに増やしたのである。これによって属州総督の数だけでなく、属州の官僚の数も増えた。一属州には一〇〇名ほどの官僚が配された。この場合、総督五〇名と官僚五〇〇〇名が増えたと思われるかもしれないが、実は、ディオクレティアヌス帝以前には、属州官僚はほとんどいなかったので、属州官僚に関しては、一万人の純増であった。なぜならば、同帝以前に属州で総督の官僚として働いていたのは、属州に駐屯する軍であったのであるが、ディオクレティアヌス帝が軍政と民政を分離させ、属州総督から軍の指揮権を奪ったため、軍人は総督の指揮から外れ、新たに純然たる官僚が必要となったからである。

また細分化された属州を管理するために、一二の管区が設置された。これによっても官僚の数は増加した。各管区には、三〇〇名ほどの官僚が置かれた。ディオクレティアヌス帝に続いたコンスタンティヌス帝の時代には、さらに管区をまとめる道と呼ばれる行政単位が四つつくられたので、官僚の数はいっそう増加することになる。このような属州、管区といった地方行政機構が再編されただけでなく、併せて中央の行政機構も整備され、ディオクレティアヌス帝以後の後期ローマ帝国の官僚の数は、三万人ほどになっていたと推計されている。

これに対して、三世紀初頭のセウェルス朝の時代の正規の官僚数は三〇〇名ほどで、彼らを補助する奴隷や解放奴隷は二〇〇〇名ほどであったとされている。実際には、奴隷や解放奴隷の数はもっと多かったと思われるが、それでも一万人は超えなかったであろうから、官僚の数は少なくとも三倍、二万人は増えたことになるのである。

新税制カピタティオ・ユガティオ制度の導入

爆発的に増加した軍人と官僚を養うためには、貨幣の改鋳や支出の削減などでは、もはや対応できないのは明らかであった。そのため、ディオクレティアヌス帝は、カピタティオ・ユガティオ制度と呼ばれる人頭税と地租を結合させた新たな税制の導入に踏み切ることになった。

新税制の導入に当たっては、最初に帝国全土で、管区ごとに検地が行われた。農地は測量され、オリーブの木の本数が数えられ、農地で働く農民や小作人（コロヌス）、奴隷、さらには家畜の頭数までが数えられたのである。

そして農地やオリーブの木は、その種類や生産力に応じて、共通のユガと呼ばれる課税単位に換算された。例えばオリエンス管区では、第一級の最も良い農地は、二〇ユゲラ（一ユゲラは約四分の一ヘクタール）で一ユガ、第二級の農地は四〇ユゲラで一ユガ、第三級の農地は六〇ユゲラで一ユガ、ブドウ畑は五ユゲラで一ユガ、よいオリーブの木は二二〇本で一ユガとそれぞれ評価されたのである。ただし、一ユガの内容は、管区ごとで違いがあったし、同じ管区に属していても、そもそもユガに換算せず、伝統的な耕作単位を課税基準にするエジプトのような属州もあったので、地域差は非常に大きかった。

一方、農民や小作人、奴隷、家畜は、カピタと呼ばれる共通の単位に換算された。カピタに関しても、ユガと同じく、その内実は地域差が非常に大きく、エジプトとシリアは同じオリエンス管区に属したが、エジプトでは一四歳から六四歳までの男性のみがカピタに換算され、シリアでは男女共にカピタに換算された上、男性は一四歳から、女性は一二歳からカピタに換算されたのである。

こうして創り出されたユガとカピタは、同じ価値を有する課税単位とみなされた。一ユガと一カピタは等しい課税単位であったのである。そして、これらのユガ、あるいはカピタに対して、税は主に現物で課された。

具体例を一つ挙げれば、兵士一人の軍服が、トラキア管区では「二〇ユガまたはカピタに対して」、モエシア及びスキティア管区では「三〇ユガまたはカピタに対して」税として課されたのである。ディオクレティアヌス帝の時代に税が現物で課されたのは、軍人皇帝時代に起こった激しいインフレの結果、貨幣経済がほとんど崩壊していたからであった。道路や公共輸送制度の維持もユガ、あるいはカピタに基づいて、近隣の住民に割り振られた。

新税制の責任者となったのは、管区を束ねる近衛長官であり、近衛長官は毎年、軍人や官僚を養うために、どれだけの小麦や肉やオリーブ油、あるいは葡萄酒や衣服、馬などが必要かあらかじめ計算し、必要分を各管区に、それぞれの有するユガとカピタの数に応じて割り振り、現物税として供出させたのである。新税制導入以前には、地租と人頭税が課されていたが、前者の税率は収穫量や土地の評価額に応じていたため、年によって税収は変化し、足りなくなることもままあった。しかし、この新税制の導入によって、必要分を課税することができるようになったことは、帝国側にとっては画期的であった。
一方、課税される側にとっても、不足分を臨時徴発されることはあまりなくなり、また課税がユガやカピタの共通課税単位を基準になされたので、不公平なことが起こりにくくなったことは利点であった。特に、ディオクレティアヌス帝が新税制を、これまで地租と人頭税が免除されてきたイタリアにも課したことは、課税の不公正を大きく正すことになった。

しかしながら、収穫などに関わらず、帝国が必要な分を課すということは、過重な税負担につながったはずである。それも、その必要分は、ディオクレティアヌス帝の時代以後、軍人と官僚の数が大幅に増えていたため、当然、以前の時代よりもはるかに大きくなっていた。さらに、かつて国家収入の大きな部分をしめていたシルクロード交易から上がる関税などの収入がほぼ消滅していたため、その不足分も併せて、ユガやカピタに換算された農地とそこで働く人々にかかってきたからである。

帝国の東西分裂

以上のような様々な改革を行い、帝国の立て直しを図ったディオクレティアヌス帝は、三〇五年に退位した。

ディオクレティアヌス帝の退位後、帝国は再び内乱に陥ったが、コンスタンティヌス帝が内乱を制し、三二四年には帝国を再び統一した。コンスタンティヌス帝は、キリスト教に対しては、ディオクレティアヌス帝と異なり、寛容であったが、その他の統治機構や税制については、ディオクレティアヌス帝の方針を継承、発展させ、後期ローマ帝国の体制を確立させた。三三七年まで在位し、その王朝は三六三年まで続いた。

コンスタンティヌスの王朝が滅んだ後は、一代の短命な皇帝を挟んで、ウァレンティニアヌス朝が興る。このウァレンティニアヌス朝の時代の三七五年にゲルマン民族の大移動が始まった。そして、大移動を起こしたゲルマン民族の対応に当たった将軍のテオドシウスがウァレンティニアヌス朝に続くローマ帝国最後の統一王朝テオドシウス朝を開いたが、その死後、三九五年に帝国は、事実上、東西に分裂してしまったのである。

東西の帝国は、バルカン半島西部を境界に概ね地理的に均等に分かれていたように見える。実際、五世紀前半に作成されたと推定される『ノティティア・ディグニタトゥム（文武官位録）』によれば、管区の数は東が七つ、西が六つ、属州の数にすれば東が六一、西が五八であり、行政区の数でも概ね等しかった。

一方、後期ローマ帝国時代の軍隊は、大きく野戦機動軍と辺境駐屯軍に分かれ、前者の野戦機動軍は、東は一〇万四〇〇〇人、西は一一万三〇〇〇人であり、辺境駐屯軍は東は二四万八〇〇〇人、西は一三万五〇〇〇人であったので、軍については、東方が一〇万人ほど多かった。したがって、東の帝国民は、西よりも多くの軍を支えなければならなかったのである。にもかかわらず、東の帝国は、いわゆるビザンツ帝国として一四五三年まで、さらに一〇〇〇年の命脈をたもったが、西方の帝国は四七六年に早々に滅亡した。これはどうしてなのであろうか。

貧しかった西方世界

東西帝国の大きな違いは、ひとつは、西方は東方に比べて、貧しかったことがある。

現代の感覚からすると、西ローマ帝国の領域に含まれるスペイン、フランス、イタリア、イギリスのほうが、東ローマ帝国領のトルコ、シリア、パレスティナ、エジプトなどよりも豊かであったと考えてしまうが、古代においては全く逆であり、東方の諸地域は、古くから文明の栄えたところで、開発もはるかに進んでいた。

対する西方は、地中海沿岸のイタリアや南フランスや南スペインの諸地域はまだしも、その他のイギリスや北フランス、スペイン北西部などは、東方に比較すれば、未開発と言っても過言ではなかった。後期ローマ帝国史の大家A・H・M・ジョーンズが指摘するように、これらの地域には、西方の行政の中心地の一つであった現ドイツのトリーアを除いては、豪壮な建造物は残っておらず、発掘された建物の規模もたいていはつつましいが、それは西方が貧しかった証である。

西ローマ帝国でもっとも豊かであったのは、アフリカ管区であったが、しかしアフリカ管区の生産量は、東ローマ帝国に属したエジプト管区の三分の一か、四分の一しかなかった。人口においても、エジプトは八〇〇万人ほどであったのに対して、現在のフランスを中心とするガリア地方の人口は二五〇万人ほどしかなかったと推定されている。

さらに西ローマ帝国には、元老院議員たちの所領が広がっていたことも問題であった。

四世紀後半の元老院議員シュンマクスは、イタリア、シチリア、北アフリカに一九もの所領や屋敷を有しており、息子がプラエトルという官職に就いた時には、その就任のお披《ひ》露《ろ》目《め》興行に二〇〇〇ポンドゥス（一ポンドゥスは約三二六グラム）の黄金を使ったとされている。所領から上がる現金収入は、年間、黄金一〇〇〇から一五〇〇ポンドゥスほどあった。さらに、穀物や葡萄酒などの現物収入があり、仮にこれらの現物収入を現金に換えるならば、さらに三〇〇から五〇〇ポンドゥスの黄金が手に入ったとされている。しかし、このシュンマクスですら、元老院議員としては、中程度の財産しか有していなかったのであり、最も富裕な元老院議員であれば、年間の収入は黄金だけで、四〇〇〇ポンドゥスあったという。逆に言えば、彼らはその収入が上がるだけの広大な所領を有していたことになる。

　五世紀前半の元老院議員ウァレリウス・ピニアヌスとその妻小メラニアも、イタリア、ブリテン島、ガリア、北アフリカの各地に所領を有しており、北アフリカのタガステ市の地所には、金銀細工の工房まであり、地所の広さはタガステ市自体よりも大きく、その中には司教区が二つ含まれていたほどであったという。夫妻は、熱心なキリスト教徒で、パレスティナで修道生活に入るため、その財産を売り払った。ローマ市にあった屋敷を売り出したときには、あまりにも高額で買い手がつかなかったほどである。元老院議員の屋敷には、普通の都市に備えられているすべてのもの、すなわち競走場や神殿、泉、各種の浴場があった、と、オリュンピオドロスという歴史家は記している。夫妻は、財産の売却代金から、貧民に四五〇〇ポンドゥスの黄金を、また別の機会には一〇万枚のソリドゥス金貨を寄付するなどした。またパレスティナには修道院も建設した。

　では、このように元老院議員たちの広大な所領が広がっていたことの何が問題なのか、と言えば、それは大きくは二つある。

　所領で働いていたのは、多くはコロヌスと呼ばれる者たちであったが、彼らは小作人であったので、カピタティオ・ユガティオ制度によって課される国家からの税に加えて、領主である元老院議員に対して土地の賃料をも支払わねばならなかった。つまり、西方の労働力の多くを占めていたコロヌスは、二重の経済的負担に耐えなければならなかったのである。これが、問題のひとつである。対照的に、東ローマ帝国では、大土地所領があまり形成されなかったため、独立した自営農民が広範に存在していた。

　もうひとつの問題は、元老院議員の一部は、帝国民が税とは別に負うべき「下級の負担」や「臨時の負担」などを免除されていたことである。元老院議員に関わる「下級の負担」には、新兵提供・新兵税、宿舎提供、貨幣・武器製造用以外の木炭提供、建築用木材提供、道路・橋梁・教会・公共施設の建築、修復、公共輸送用役畜追加供出などがあり、一方、「臨時の負担」は、その言葉通り、戦時などの際に臨時に課される諸負担のことである。元老院議員が免れた諸負担は、当然、誰かほかの者が負担しなければならず、それを負担したのは、中小の地主や農民たちであった。より弱いものにしわ寄せがいったのである。

要するに、西ローマ帝国は、東ローマ帝国よりも支えるべき軍の数は少なかったが、しかしながら、支える人間もまた圧倒的に少なく、かつ弱かったのである。軍人や官僚を維持できなくなるのは、よほどの改革でも断行しない限り、時間の問題であったかもしれない。しかし、西ローマ帝国にゲルマン民族の大移動の波が押し寄せたことがその死期を一気に早めることになった。

西ローマ帝国の滅亡

三七五年に始まるゲルマン民族の大移動の負荷は、最初は、ローマ帝国の東方にかかっ

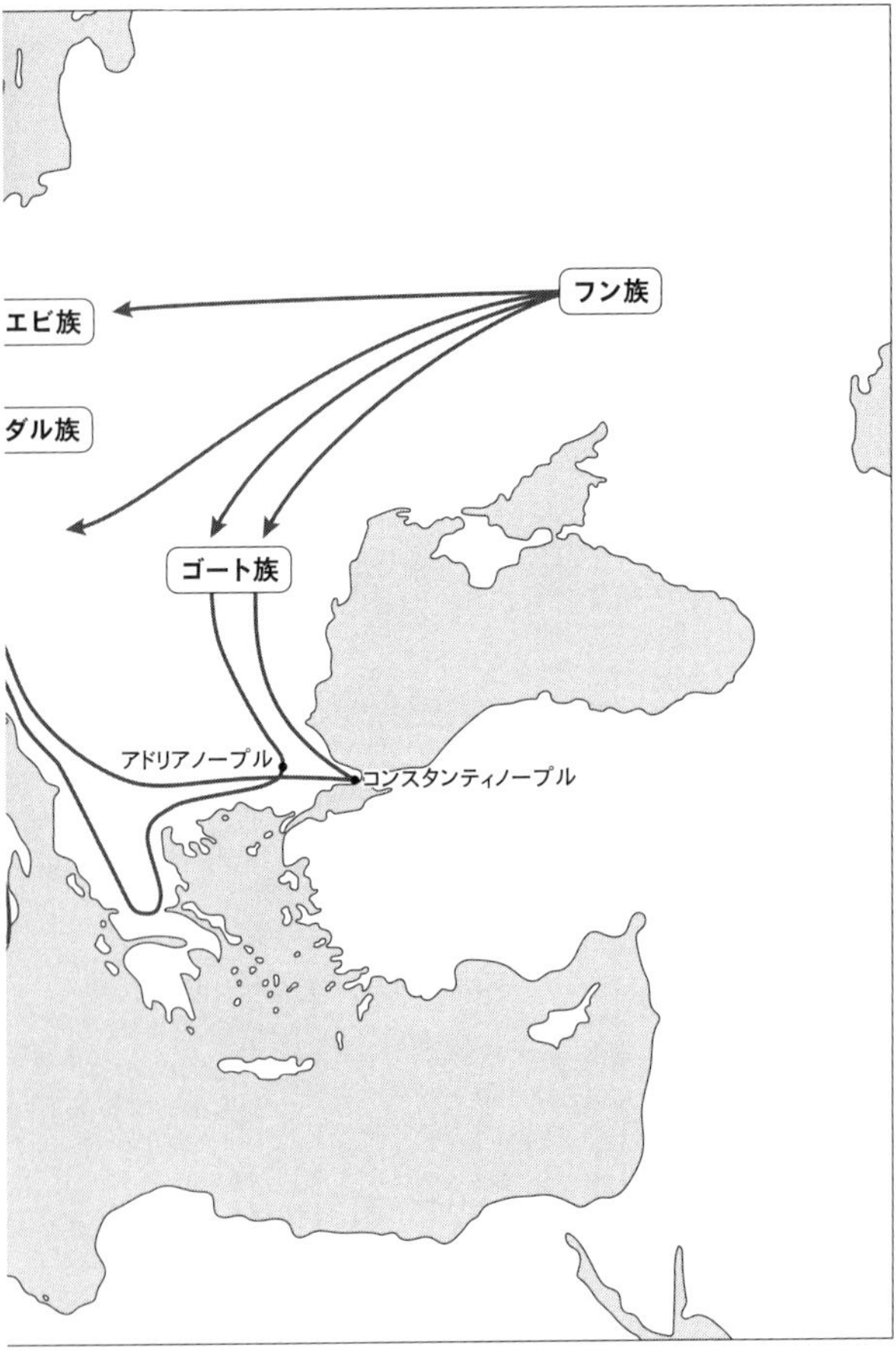

民族の大移動

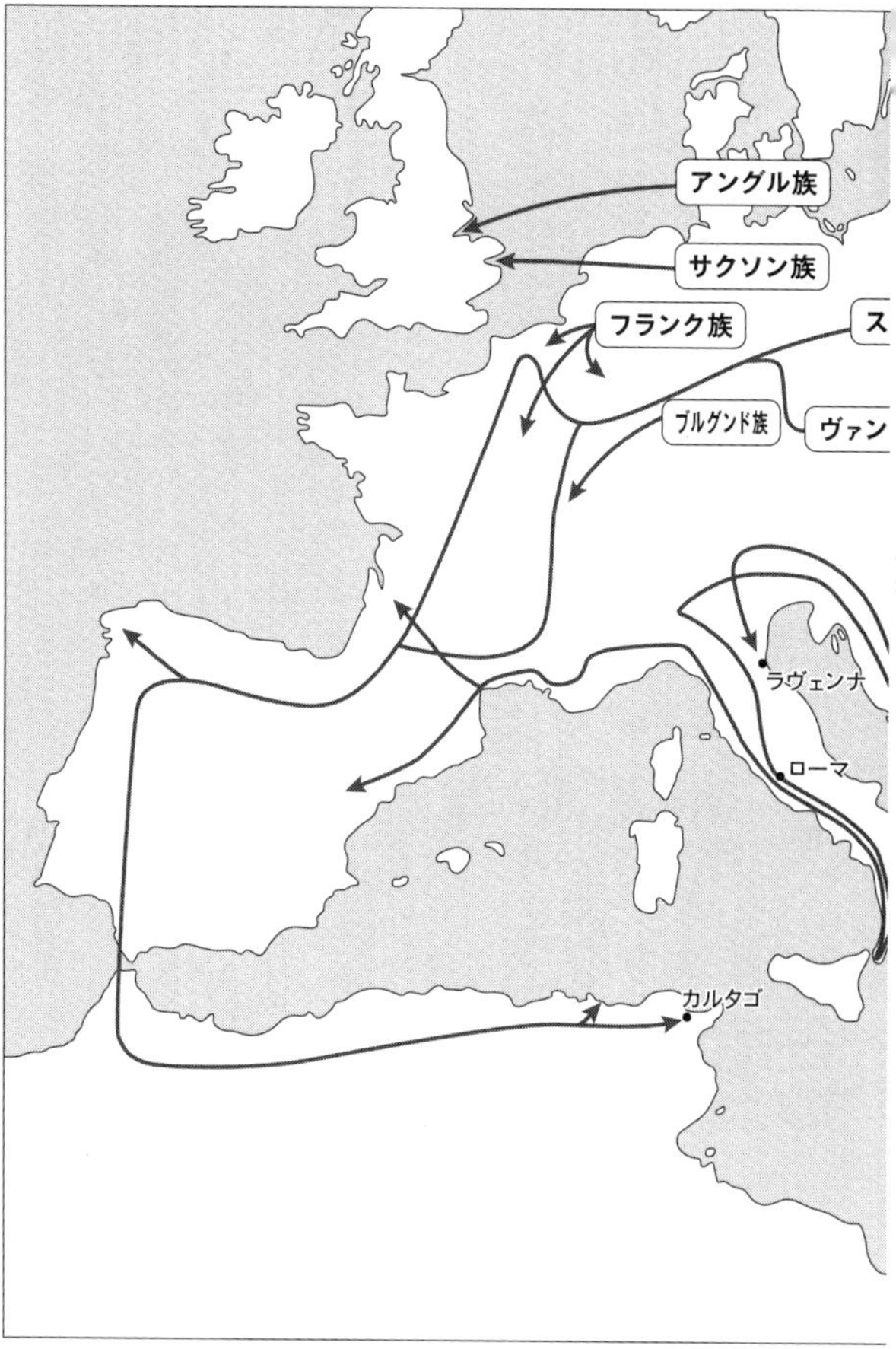

地図7　ゲルマン

た。先陣を切って移動を開始したのは、ゴート族であった。彼らは、東方から現れた遊牧民フン族に攻撃されて、いわば難民のような形で、ローマ帝国内への移住を求めてきたのである（地図7参照）。

当時の帝国は、まだ決定的な分裂には至っていなかったものの、東西に皇帝が存在しており、ゴート族を受け入れたのは東の皇帝ウァレンスであった。ゴート族は、このウァレンス帝の許可を得て、ドナウ川の下流を渡り、ローマ領内に入った。そして、ゴート族は、ローマ領内に居住地を与えられたが、その居住地は劣悪で、またローマ側の対応が酷かったため、反乱が起こった。しかし、反乱鎮圧に向かったウァレンス帝は、三七八年のアドリアノープルの戦いで大敗を喫し、自身も戦死してしまった。

ゴート族は、バルカン半島各地を荒らし回った。このゴート族と戦うべく西方に残っていた皇帝によって登用されたのが将軍のテオドシウスで、三七九年には、東の皇帝に任じられた。テオドシウス帝は、ゴート族と一進一退の戦いを続けたが、結局はゴート族を帝国領外に追い払うことができず、三八二年に、彼らと条約を結び、軍役を条件に、同盟部族としてバルカン半島の中北部に彼らの居住を認めた。これは、帝国内にもう一つの国家を認めることであり、後世に禍根を残した。

ゴート族の動きは、これで一旦、収まったが、しかしテオドシウス帝が三九五年一月に没し、帝国が決定的に東西に分裂し、対立するようになると、この年の後半には、彼らはアラリックを指導者にして、再び動き出した。

アラリックは、当初、バルカン半島を南下し、ギリシア方面に進出したが、やがて矛先をイタリアに転じ、四〇一年には北イタリアのミラノを包囲した。ミラノには、テオドシウス帝の次男で、西ローマの皇帝ホノリウス（在位三九五〜四二三年）がいた。この時、アラリックと戦い、ホノリウスを救ったのは、補佐役の将軍のスティリコであった。

しかし、スティリコは、この戦いのために、ライン川方面の軍を大幅に引き抜いたため、ライン川方面の防衛線は手薄になり、四〇六年の年末には、ヴァンダル、アラン、スエビらの諸部族が防衛線を突破し、ガリア地方へ侵入することになった。ヴァンダルらの諸部族は、三年ほどガリアを荒らした後、さらにイベリア半島へと入り、二度とライン川の向こうに撃退されることはなかった。このため、スティリコは、イタリアを救うために、ガリアを犠牲にしたとしばしば批判される。しかし、それは東西分裂後、数年で、早くも帝国を十全に防衛するに足る兵員を、おそらくは財政的な理由から確保できなくなっていた結果であったのである。

この後、スティリコは四〇八年には失脚する。スティリコを失った西ローマ帝国の政府はいよいよ迷走して、四一〇年には、アラリックのローマ市攻略を許すことになった。

この間、アラリックは、三度ローマ市を包囲したが、一度目の包囲を解く際の講和条件は、アラリックに「黄金五〇〇〇リブラ、銀三〇〇〇リブラ以上、絹の衣服四〇〇〇枚、緋色に染められた毛織物三〇〇〇枚、そして胡椒三〇〇〇リブラ」を引き渡すことであった。絹が金銀と並ぶ高級な品物であったことは、ローマ帝国の歴史を通じてそうであったが、この時期になると胡椒もまた金銀に匹敵するようになっていたことが分かる。三〇〇〇リブラは、九八一キロなので、一トン弱の量である。しかし、かつて二世紀半ばのヘルマポロン号が一隻で五五〇トン以上の胡椒をもたらしていたことを想起するならば、その量はわずかにすぎない。このことは、西ローマ帝国がいかにシルクロード交易から遠ざかっていたかを示しているだろう。

ローマを攻略したアラリックは、アフリカを目指したが、南イタリアで病死し、ゴート族は、結局、再び北へ向かい、ガリアへ入って、四一八年には再び同盟部族となり、ガリア南西部のアクイタニア地方を帝国から与えられて、定住した。これによって、ローマ帝国は、アクイタニア地方の支配権を失った。

また、四二九年には、ヴァンダル族がイベリア半島から北アフリカに渡った。四三九年にはカルタゴが陥落し、西ローマ帝国で最も豊かな地方が完全にゲルマン民族の手に落ちることになった。ローマ市が陥落した四一〇年には、サクソン族らの圧力を受け、ブリテン島が放棄され、軍と官僚は引き上げられた。このようにして、西ローマ帝国は、次々とゲルマン民族にその領土を蚕食《さんしょく》されていき、四五五年にテオドシウス朝最後の皇帝ウァレンティニアヌス三世の治世が終わった時には、西ローマ帝国は、イタリアの地方政権と化していたのである。

この時には、総計二四万八〇〇〇を数えた正規のローマ軍は既に姿を消し、帝国はゲルマン民族の傭兵にその軍事力を頼るようになっており、最後の皇帝ロムルス・アウグストゥルスは、ゲルマン人の傭兵隊長オドアケルに四七六年に廃位されたのであった。

終章　世界史の中のローマ帝国

シルクロード交易は赤字か黒字か？

最終章である本章では、まずは本書のこれまでの議論を要約し、その上で、ローマ帝国の世界史の中での位置づけについて考えてみたい。

『楼蘭』の著者ヘルマンによれば、ローマ帝国のシルクロード交易は黄金の流出を招き、結果的には帝国の衰退を招いたものであった。仮に、プリニウスがインドや中国、アラビア半島に年間に流出したという一億セステルティウスの金額がすべて金貨であるとすれば、それは金塊八トン分に相当した。しかも、交易の形態は、シルクロード圏内の共通通貨が存在したわけではなく、物々交換であったため、一旦輸出された金貨はローマ帝国に還流することはなかった。したがって、黄金が流出していたことは疑いえない。このこととの因果関係は分からないが、金貨における金の含有率も一世紀後半のネロ帝治世を皮切りに漸次低下していった。

しかしながら、銀貨がその銀の含有率を三世紀にはほとんど喪失したのに比すれば、金貨における金の含有率の低下は、劇的ではなく、相対的にその価値は保たれていたと言ってよいだろう。また四世紀前半にコンスタンティヌス帝によってソリドゥスと呼ばれる金貨が大量に発行され、この金貨が従来の銀貨に代わる基軸通貨となった事実から考えても、ローマ帝国で黄金が深刻に不足するという現象は起こっていなかったように思われる。新金貨発行の背景には、新たにバルカン半島で金鉱が発見されたことがあったようであるが、いずれにしても、後期ローマ帝国は、金銭を黄金で数える、いわば黄金の帝国であったのである。

ゆえに、ヘルマンが指摘したような、シルクロード交易を通じた黄金の流出が「ローマの経済的没落を促進した」というような現象も起こっていなかったことになる。おそらく、ヘルマンの頭には、重商主義的な発想――貿易を通して貴金属貨幣を外部から獲得し、これを国内に蓄積することが国家の繁栄につながる――があって、貴金属貨幣の流出、イコール、国家にとっての損失と、無批判にみなしていただけなのであろう。

実際には、シルクロード交易がもたらしたのは経済的没落ではなく、全く逆の事態であった。輸出品に金貨があったのは確かであるが、その割合は低く、ローマ帝国は、主にガラス器や葡萄酒、衣類、金属類などの廉価な日用品を東方に輸出し、代わりに香料や薬種、香辛料、宝石、そして絹などの高値で売れる産品を得ていたので、シルクロード交易は、ローマ側の商人にとっては完全な、それも大幅な黒字であったのである。さらに、ローマ側の輸出品がいわば工業製品であったことは、シルクロード交易は、これに直接携わった商人以外の人々にも富をもたらすものであった。

　シルクロード交易で儲けていたのは、商人や輸出品に関連する業者だけではなく、ローマ帝国自体もまたそうであった。帝国は、二五パーセントもの高率の輸出入関税を課していたからである。その税収は、シルクロード交易が最盛期であった一世紀には、国家予算の五割近くを占めるほどであった。そのため、ローマ帝国は、エジプト東方砂漠ルートや紅海の港湾を整備することで、シルクロード交易の利便性や治安の維持を図ったのであり、時に初代皇帝アウグストゥスや五賢帝の一人トラヤヌスのように、交易路の独占的支配を目指す皇帝が出てきたのもまた当然のことであったのである。

　シルクロード交易を通して流れ込んだ富は、エヴェルジェティズム（施与行為）を通して、ローマ帝国の諸都市の繁栄を支えた。また国家財政にも余裕を与えたことから帝国の税は軽微であり、このことがさらなるエヴェルジェティズムを促した。都市こそがローマ帝国そのものであったことを考えるならば、シルクロード交易は、帝国の繁栄の大きな源の一つとなっていたのである。

交易の衰退がもたらした文明の滅亡

しかし一方で、シルクロード交易はリスクも高く、また当時はそのリスクを回避する保険や会社組織もなかった。その上、ローマ帝国の商人たちは、一旦、富を得たならば、その富で土地を買い、地主になることを望んだので、シルクロード交易を維持発展させる土台は極めて脆弱であった。二世紀後半から三世紀前半になると、アクスム王国やササン朝ペルシアの商人がシルクロード交易で活躍するようになるが、それは単にローマ帝国の商人が彼らとの競争に敗退したのではなく、ローマ帝国を含むユーラシア大陸全体の情勢悪化を受けて、自発的に交易から早々に撤退していった結果でもあったのだろう。

二世紀後半以後のシルクロード交易の衰退は、ローマ帝国の政府にとっては、莫大な関税収入の喪失を意味した。帝国の財政は、当然のことながら逼迫《ひっぱく》することとなった。二世紀末のセプティミウス・セウェルス帝治世以後の軍事費の増大は、それに拍車をかけるものであった。

だが、財政の悪化に対して、ローマ帝国政府がとりうる対策はそれほどなく、そのためにとられた支出削減、増税、貨幣の改鋳といった施策は、いずれもローマ帝国の衰退に繋がったのである。

貨幣の改鋳は、セウェルス帝の息子カラカラがアントニニアヌス銀貨を発行することで手を付けたが、これは三世紀末に頂点に達するインフレの引き金となった。また、支出を削減すると言っても、人件費がそのほとんどを占めていたローマ帝国の財政状況では、削りうる支出はあまりなく、そこで手が付けられたのは、異民族へ支払われていた年金であった。しかし、年金の削減は異民族の侵入を招き、三世紀半ばの軍人皇帝時代には、これが対外戦争に留まらず、内乱にも結び付いていった。

増税は、二一二年にカラカラ帝の発したアントニヌス勅令に始まり、四世紀のディオクレティアヌス帝のカピタティオ・ユガティオ制度へと続いていったが、増税というものはこれを避けるすべのある有力者にではなく、弱い一般住民にとりわけ重くのしかかるものである。ローマ帝国では、この有力者、具体的には大所領を有する元老院議員の力がことに西方で強かった。そのため、帝国が三九五年に東西に分裂すると、西方の一般住民の税負担は、非常に重たいものとなっていった。分裂に少し先立って起こったゲルマン民族の大移動の波に西方が耐えることができず、四七六年に滅亡したのも、西方の社会が経済的に疲弊しており、軍や官僚の維持にも支障をきたしていたからであろう。

筆者はかつて、講談社の選書メチエのシリーズから『軍人皇帝のローマ――変貌する元老院と帝国の衰亡』を出したことがあった。そこでは、特にローマ文明の衰退を問題とし、中国の文明のあり方と比較する中で、その衰退の要因を、ローマ文明が帝国の一般大多数の住人からの支持を失ったことに求めた。

より具体的に言えば、ローマ文明の主たる担い手は元老院議員を初めとする都市の富裕者であったのであり、彼らは、富の再配分機能も有したエヴェルジェティズムを行うことを通して、帝国の一般大多数の住人の支持を得ていた。しかし、三世紀の末には、エヴェルジェティズムの習慣は終わりを迎えた。そしておそらくはこれが大きな要因となって、彼らはもちろんのこと、彼らの担った都市文明そのものも、帝国の一般大多数の住民の支持するところではなくなり、消滅していったと、このように考えたのである。しかし、エヴェルジェティズムを富裕者たちが止めてしまった原因については、富裕者層の都市への関心の喪失と何らかの意識の変化があった可能性を指摘したに留まり、深く踏みこむことはできていなかった。

だが、今回、本書の考察から明らかになったように、その原因には、二世紀後半以後、シルクロード交易が衰退していったことで、富裕者がエヴェルジェティズムに回すそもそもの富を獲得するための重要な回路が閉じられてしまったことがあったのだろう。

このことは、もちろん、四世紀以後、帝国に富裕者がいなくなったことを意味するわけではない。富を獲得する機会の減少は、富める者をますます富ませ、貧しい者をいっそう貧困化させていたのであり、現に一部の西方の元老院議員は異様なまでに富裕であった。しかし、三世紀末以後の税負担の増加と帝国の情勢の悪化は、彼らのエヴェルジェティズムへの意欲を完全に断ってしまったのである。

シルクロード交易の衰退は、要するに、ローマ帝国にとっては財政の悪化をもたらし、富裕者層からはその富の源泉とエヴェルジェティズムへの意欲を奪うことになったのである。この意味で、ローマ帝国は、その文明も含めて、シルクロード交易の衰退に始まる経済的な問題によって滅んでいったと言えるのである。

シルクロード交易を維持した東ローマ帝国

しかし、ここで滅んだと言っているローマ帝国は、あくまでも西ローマ帝国であり、東ローマ帝国のほうは生き延びたことは忘れてはならない。

東ローマ帝国存続の要因は様々であった。例えば、堅固な城壁に守られたその都コンスタンティノープルがアジア側の領土へのゲルマン民族の侵入を阻んだことや、西ローマ帝国と異なり、元老院議員の力が弱く、彼らの所領の程度も知れていたので、その分、中小の自営農民が広範に存在しており、社会が健全であったことなどを挙げることができると思われるが、他にも、西ローマ帝国とは異なり、東ローマ帝国はシルクロード交易を通して、東方とのつながりを維持できていたこともあったのであろう。

ただし、四世紀にそれなりに回復したシルクロード交易のあり方は、前時代とは大きく違っていた。

まずシリア砂漠を通るペルシア湾ルートは、パルミラの衰退を受けて、利用されなくなり、ペルシア湾経由でローマ帝国に入る東方商品の新たな交易地となったのは、北部メソポタミアにあったローマ領の都市ニシビスであった。ニシビスは、ローマ帝国の大勝を受けてササン朝との間で二九八年に結ばれた条約において、両国の間の唯一の指定交易地とされていたのであった。ローマ帝国は、領内に指定交易地を創ることで、ササン朝の商人から確実に関税を徴収することを目論んだのである。そのため、この条項を条約に盛り込むことには、ペルシア側は強い難色を示したとされている。この後、ニシビスは、三六三年の条約で、今度はローマ側の敗北を受けて、ササン朝の帰属に戻るが、その後も両国の指定交易地であり続けた。

同じ二九八年の条約では、黒海東岸の現ジョージアにあったイベリア王国に対するローマの宗主権も認められた。ローマがこの王国の宗主権を求めた背景にも、シルクロード交易を巡る経済的動機があった。なぜならば、イベリア王国は、シルクロードの幹線の一つであるステップルートに近接していたからである。ステップルートは、ユーラシア大陸の北緯五五度から四五度にかけて広がる草原地帯を通り、スキタイや匈奴などの遊牧民が古くから中国とヨーロッパをこのルートを利用して結んでいた。ローマ帝国は、ササン朝に脅かされずに、中国と繋がるルートの開拓を求めたのであった。

指定交易地による管理貿易とステップルートへの関心は、三世紀末から七世紀にササン朝が滅びるまで、ローマ帝国の一貫したシルクロード政策として維持された。

他方で、かつての花形であった紅海ルートにおいては、ローマ帝国の商人は、アクスム王国のアドゥーリまで赴き、そこでエチオピア人の商人がインドからもたらした商品を手に入れるようになっていた。この現象に伴って、四世紀以後、紅海北方のクリュスマやアイリアの港が繁栄した。紅海は、風向きの関係で北上するのが困難であったため、二世紀までは、より南方のミュオス・ホルモスやベルニーケーがインドとの交易で栄えていたのであるが、アドゥーリまでの航海に留まるのであれば、インド洋で用いられたほどの大型船は必要ではなくなり、小型船であれば紅海を北上することもそれほど困難ではなかったからである。これによってエジプトの東方砂漠を横断する労苦からは解放されたことになる。

しかし、最も大きな変化は、ササン朝ペルシアやアクスム王国がインドや中国との間の仲介者となり、関税率自体も、交易促進の目的から二五パーセントの半分の一二・五パーセントとなっていたことであった。そのため、四世紀にシルクロード交易の規模がある程度回復したと言っても、かつての収益を商人にも、そして国家にももたらすことはなくなっていたのである。

とはいえ、それでも東方との経済活動が存在したことが、東ローマ帝国と先に滅亡した西ローマ帝国との大きな差異なのであり、二つの帝国の運命を分けた大きな要因のひとつなのであろう。外国との交易を管理する商務長官 comes commerciorum と呼ばれる官僚を有していたのも、東ローマ帝国のほうだけであった。西ローマ帝国は、東ローマ帝国と違って、シルクロードからの関税収入も、交易を通した経済、産業の活性化も十分に享受することができず、滅亡への道を歩んだのである。したがって、その衰亡は、帝国の西半分が滅んだのでなく、シルクロードの経済圏から切り離されたユーラシア大陸の西端が壊《え》死《し》したととらえることも可能であろう。実際、ローマの文明は、その最西端ともいうべきブリテン島から順に姿を消していったのであった。

東方との交易を求め続けたヨーロッパ

東方との経済的つながりは、西ローマ帝国滅亡後にその旧領に生起したヨーロッパの諸勢力の歴史を左右し続けた。ヨーロッパの諸勢力がそのつながりを求めた東方は、究極的には、インドと中国であったが、まずはその中間にあった東ローマ・ビザンツ帝国、あるいはイスラーム世界であった。

かつて、ベルギーの偉大な歴史家アンリ・ピレンヌ（一八六二〜一九三五年）は、中世のヨーロッパ世界は、地中海世界に侵入してきたイスラーム勢力によって、東方との経済的つながりを絶たれた結果、誕生したと論じた。

ピレンヌによれば、五世紀において西ローマ帝国が滅亡した後でも、地中海を中心とする東西を結ぶ古代の経済圏は生き延びていたのであり、これを破壊したのはゲルマン民族ではなく、七世紀に地中海世界に侵入したイスラーム勢力であった。彼らは、旧西ローマ帝国領に建設されていたゲルマン人の諸国家をアルプス以北に追い詰め、東ローマ帝国との経済関係を断絶させ、いわば経済封鎖を行ったのである。そのため、アルプス以北の地では、商業が衰退し、代わって農業に軸足を置く中世ヨーロッパの封建社会が出現したと、ピレンヌは考えたのであった。これがピレンヌ・テーゼとして名高い古代から中世の転換を説明する学説である。

しかし、実際には、地中海を一体とする経済圏は、ローマ帝国の東西分裂後ほどなく崩壊し始めていたのであり、地中海地方へ侵入したイスラーム勢力は、すでに崩壊していた経済圏を目にしたに過ぎない。したがって、ピレンヌ・テーゼは、現在では学説としては成り立たないとされているのであるが、しかし東方との経済的つながりがヨーロッパの歴史にとって決定的に重要であることを、ピレンヌが示したことは高く評価されなければならないだろう。

八世紀に西ローマ帝国を「復活」させたカール大帝の帝国の繁栄は、当時、スペインから中央アジアに至るまでの広大な領域を統一し、中国とも活発な交易活動を行っていたイスラーム勢力の経済発展に大きく負っていたとされている。ただし、カール大帝の帝国は貧しく、主たる輸出品は奴隷、刀剣、ガラス製品などに限られており、交易の果実を得るに十分な基盤があったわけではなかった。

また、西ローマ帝国滅亡後、衰退していたヨーロッパ社会が一一世紀以後、本格的に立ち上がる端緒になったのは、ヴェネツィアやジェノヴァ、ピサなどのイタリア半島の港湾都市の勃興であったが、その勃興もビザンツ帝国やイスラーム世界とのいわゆるレヴァント（東方）貿易によってもたらされたものであった。

さらに、一五世紀以後になると、ヨーロッパの勢力は、ポルトガルとスペインを先頭に、イスラーム世界を介することなく、西回りでの東方との経済的つながりを直接に目指すようになる。ポルトガルとスペインに続いたのは、イギリス、オランダであり、両国は東方との貿易を独占的に行う東インド会社を設立して、前者はインドと中国、後者は東南アジアと日本との交易に力を注いだ。イギリス、オランダの後には、フランス、デンマーク、スウェーデンでも東インド会社が設立された。ヨーロッパの諸国は東方から、従来の胡椒などの香辛料に加えて、新たにキャラコ、あるいはモスリンと呼ばれたインド産綿織物、茶、陶磁器などを熱心に求めたのである。

東方との交易は、ヨーロッパ諸国に莫大な富をもたらしただけではない。イギリスにおいてはインド産の綿織物の大量輸入によって毛織物業などの従来の産業が脅かされたため、インド産綿織物に対抗するための技術革新が模索され、これが一八世紀後半に始まる産業革命を引き起こすことになった。そして、イギリスに始まる産業革命は、続く一九世紀にヨーロッパが世界の覇権を握る大きな原動力となっていったのである。

ローマ帝国の「グローバリゼーション」

以上のようなヨーロッパの歴史を振り返るならば、ローマ帝国は前近代においてヨーロッパの地に興った国家の中で、東方と繋がることで、もっとも有効にその富を引き出して繁栄した国家のひとつであったということになるだろう。

対照的に同じようにシルクロード交易に関与しながらも、漢代の中国は黄金が枯渇するほどまでに流出させてしまい、むしろ社会の衰退を招いてしまった。このことは宮崎市定だけではなく、岡本隆司も二〇一九年の『世界史とつなげて学ぶ中国全史』で指摘していることから判断して、事実なのであろう。シルクロードが有した意味は、漢とローマ帝国では大きく異なっていたのである。「序章」では「黄金を軸にしたユーラシア史の可能性」を示したが、このような歴史像は成立し難いことになる。ただし、結果的には、シルクロード交易の影響によって、三世紀以後、両地域は不安定になった。漢代の中国が黄金をシルクロード交易によって枯渇させてしまった原因には、当時は黄金を除けば、絹くらいしか西方に輸出するものがなかったという事情があったようである。

　しかし、本書を書いている最終段階で手にしたヴァレリー・ハンセンの『西暦一〇〇〇年　グローバリゼーションの誕生』によれば、中国は一〇世紀の宋の時代にはこのような状況を脱していた。宋は、麝香《じゃこう》、沈香《じんこう》、乳香などの香料や胡椒、真珠、象牙などを東南アジアやアフリカなどの南方諸地域から大量に輸入し、代わって陶磁器や織物、金属製品などの工業製品を輸出するようになっていたのである。このような外国との交易の活性化の影響は、これに直接関係した者たちだけではなく、あらゆる社会階層に及び、ハンセンは、宋代の中国が西暦一〇〇〇年頃の世界で「グローバリゼーションの最先端の地」であったと指摘している。さらにハンセンによれば、宋は、この点もローマ帝国とよく似て、貿易品に三種類の課税をしており、積み荷全体には一〇〜二〇パーセントの高い輸入関税を課していた。関税の歳入に占める割合は、通常は五パーセントほどであったが、南宋の一時期には二〇パーセントにまで上っていたというのである。

　言うまでもなく、本書で扱ったローマ帝国の時代には、まだ世界全体にまでその交易路は広がっておらず、ハンセンのようにグローバリゼーションという言葉を用いることは適当ではないかもしれない。しかし、ユーラシア規模での交易路は当時、既に確立しており、この古代のユーラシア世界の中でローマ帝国が一〇〇〇年後の宋代の中国と同じような交易形態――すなわちガラス器などの工業製品を輸出し、香料などの奢侈品を、もはや奢侈品とまで言えないレベルまで大量に輸入していた――を有していたことは、注目すべきであろう。ローマ帝国は、ハンセンに倣《なら》うならば、古代ユーラシア世界という限定された世界ではあったが、その「グローバリゼーション」の最先端の地であったと位置付けることができるように思われるのである。

あとがき

本書執筆のきっかけは、文藝春秋の前島篤志氏から、古代ローマの文明がなぜ消えたのかをテーマに新書を書いてみませんか、との誘いを二〇一九年の六月に受けたことにある。この依頼には前段がある。筆者は、同じ文藝春秋から二〇一七年に刊行された『文藝春秋スペシャル　教科書では教えない入門　新世界史』にやはり前島氏の依頼で「ローマ帝国を滅ぼした難民と格差」（後、文春新書『世界史の新常識』、二〇一九年三月に再録）を寄せ、この論考において、中国の文明と比較して、ローマの文明が異民族の侵入を前にもろくも消え去ってしまったのはなぜか、という問いかけをしたことがあり、前島氏にはこの問いに興味をもっていただいていたようである。

今から思えば、この問いに対するストレートな答えの求め方とは、典型的なローマ文明の諸側面、つまり都市生活や剣闘士競技、公共浴場、あるいは上下水道などを一つずつ取り上げて、その消失過程を追うことであろうし、おそらく前島氏もそのようなことを期待されていたのではないかと思う。しかし、依頼を受けた時、頭に浮かんだのは、シルクロード交易の衰退とローマ帝国の滅亡を結び付けられないかということであった。

たまたま、この少し前に、ローマ帝国がシルクロード交易で莫大な関税を得ていたことを驚きとともに知る機会があり、もしこの関税がなくなったら、ローマ帝国は財政難に陥り、滅ぶのではないかと想像したのである。

そして、これもまた偶然であるが、本書の執筆の依頼を受けた二〇一九年は小説家辻邦生氏の没後二〇年に当たっており、その記念出版として七月に『物語の海へ』が中央公論新社から刊行された。ここに収められた『背教者ユリアヌス』の自作解題の中で、辻氏は、ユリアヌスの活躍の舞台となったガリア（現在のフランスを中心とした地域）のローマ街道が東西ではなく、アウグストドゥヌム（オータン）を中心に南北を軸にして走っていると指摘されていた。このことは、ローマの文明がその街道を伝って、南の地中海の世界からガリアの北部やさらにはブリテン島に伝わっていたことを意味している。ローマの専門家としては、知っていて当たり前のことであるが、辻氏の文章を読んで、改めてローマの文明が帝国の血管とも言うべき街道を伝って、広がっていったことに気づかされたのである。ガリアの街道は南に下ると地中海に出て、東に向かえばシルクロードと繋がる。ここでも筆者は、血管が詰まったり、切れたりすれば、文明もまた滅びるのではないかと想像した。

　こうして関税と街道をヒントに、シルクロード交易の盛衰とローマ帝国の滅亡を結び付けるという構想ができたのである。なお、本書においては、衰亡とは表裏一体の関係にあると考え、ローマ帝国の繁栄の秘密についても併せて検討した。

　最終的な本書の結論の要点は次のようになるだろう。

・ローマ帝国のシルクロード交易は、初代皇帝アウグストゥスの治世（前二七～後一四年）に急激に勃興した。

・ローマ帝国は、シルクロード交易に高額の関税をかけていたので、交易の活性化は国家収入の増大につながり、多い時には関税収入は国家予算の五割近くに相当した。

・シルクロード交易は、国家にだけではなく、これに携わる商人にも莫大な利益をもたらした。またローマ帝国の輸出品は、葡萄酒や衣類、ガラス器などの工業製品を主体としたため、交易の活性化は産業の隆盛にもつながった。

・シルクロード交易を通して産み出された富は、エヴェルジェティズム（施与行為）を通して、ローマ帝国の細胞である都市の活性化、ひいては帝国の繁栄に寄与した。

・しかし、二世紀後半以後、ローマ帝国を含むユーラシア大陸の各地の情勢が不安定化すると、シルクロード交易は衰退し始め、三世紀の半ばにはどん底の状態になった。
・この事態によって関税収入が減少した一方で、軍人や官僚にかかる経費は増加していったため、帝国は財政難に陥った。
・この財政難に対応するためにとられた増税などの施策は、帝国民に過重な負担を強いた。特に四世紀の末に帝国が東西に分裂すると、そもそも貧困であった西ローマ帝国の社会はいよいよ弱体化し、軍や官僚の維持もままならず、折からのゲルマン民族の大移動の圧力に耐え切れずに滅亡した。

一九七〇年代以後の欧米の学界では、交易がローマ帝国にとって有した意義が低く評価される傾向にあった。それは、古代においては輸送費が高く、また貧富の差が激しかったため購買力もまた限定的であったと想定されてきたからである。しかし、近年、考古学の発掘調査が進み、また関税額を具体的に示すムージリス・パピルスが解読されるなどした結果、交易の規模が次第に明らかになり、今世紀に入ってからは、交易がローマ帝国に有した意義そのものも再評価されつつある。本書では、このような交易についての近年の欧米の研究動向を受けつつ、これをローマ帝国の盛衰と関連付けて論じてみたわけである。文字通りの試論、それも粗い試論であることは、読者に断っておかねばならない。

こういった試論を一般書のかたちで読者に提供するに際しては、内心忸怩《じくじ》たる思いもある。それは、西洋古典学者として令名の高かった岡道男先生の言葉を思い出すからである。

岡先生は、ある時、学生に「先生はどうして一般向けの本をお書きにならないのですか」と問われたことがあり、その時、「私は啓蒙書を書くより論文が書きたい。専門以外の人は、専門家の書いたものを信用する。だから間違いが許されない。それに対し、私は間違ったことを書く可能性があるが、専門家相手なら、間違いだと気づいてもらえる。つまり、議論ができる」という趣旨の返答をされたというのである（山下太郎「岡先生の残された言葉」『西洋古典論集』別冊、二〇〇一年）。筆者自身は、岡先生には、一度だけしかお目にかかったことはないが――同じく西洋古典学者の中務哲郎《なかつかさてつお》先生の授業を大学院生の時に受講していた際、たまたま中務研究室に入ってこられ、挨拶された――、その一度でも分かるいかにも岡先生らしい真摯《しんし》な言葉である。この岡先生の言葉に照らせば、堅実な知識を提供する啓蒙書ならまだしも、試論を一般書で提供するなど烏滸《おこ》の沙汰であろう。

一方で、筆者としては、試論は試論と明言しておくことで、読者には批判的に拙著を検討してもらい、あわよくばご自身でも探究してみようという気を起こされれば、それでよいと開き直っているのである。

なお、今年の一二月には、拙稿「三世紀の危機とシルクロード交易の盛衰」を寄せた『岩波講座世界歴史』シリーズの第三巻『ローマ帝国と西アジア　前3～7世紀』が岩波書店から刊行される予定である。この論考では、ローマ帝国全体ではなく、三世紀に焦点を絞って、その危機の原因をシルクロードと関係づけて論じている。本書と併せて、手に取っていただければ、幸いである。

地図の作成に際しては、妻の江理奈の手を煩わせた。

末筆ながら、前島篤志氏には、本書執筆の機会を与えていただいたことに厚くお礼を申し上げたい。

令和三年五月二十五日

井上文則

主要参考文献

全体に関するもの

浅田實『東インド会社―巨大商業資本の盛衰』講談社現代新書、一九八九年。

井上文則『軍人皇帝のローマ―変貌する元老院と帝国の衰亡』講談社、二〇一五年。

NHK「文明の道」プロジェクト他『NHKスペシャル　文明の道③海と陸のシルクロード』日本放送出版協会、二〇〇三年。

『エリュトゥラー海案内記』村川堅太郎訳註、中公文庫、一九九三年。

『エリュトラー海案内記』（一、二）、蔀勇造訳註、平凡社、二〇一六年。

スエトニウス『ローマ皇帝伝』（上、下）、国原吉之助訳、岩波文庫、一九八六年。

佐藤彰一「西暦一千年紀のユーラシア・インド洋貿易」上田信・佐藤彰一・深沢克己『ヨーロッパ、海域、そしてユーラシア―近代以前の世界』立教大学アジア地域研究所、二〇一五年。

ストラボン『ギリシア・ローマ世界地誌』（一、二）、飯尾都人訳、龍溪書舎、一九九四年。

スパルティアヌス、A. 他『ローマ皇帝群像』（一〜四）、南川高志・桑山由文・井上文則訳、京都大学学術出版会、二〇〇四〜二〇一四年。

羽田正『東インド会社とアジアの海』講談社学術文庫、二〇一七年。

范曄撰、李賢注『後漢書』第一〇冊、吉川忠夫訓注、岩波書店、二〇〇五年。

プリニウス『プリニウスの博物誌』（一〜三）、中野定雄・中野里美・中野美代訳、雄山閣出版、一九八六年。
プリニウス『プリニウス博物誌　植物篇』大槻真一郎責任編集、岸本良彦・加藤直克他訳、八坂書房、一九九四年。
マクラフリン、R.「ローマ帝国におけるインド洋交易の位置づけ―古代世界における東方交易の経済的・財政的重要性」髙橋亮介・赤松秀佑訳、『人文学報（歴史学・考古学）』五一七―九、二〇二一年。
Benjamin, C., *Empires of Ancient Eurasia: The First Silk Roads Era, 100 BCE–250 CE*, Cambridge, 2018.
Casson, L., *The Periplus Maris Erythraei: Text with Introduction, Translation, and Commentary*, Princeton, 1989.
Cobb, M. A., *Rome and the Indian Ocean Trade from Augustus to the Early Third Century CE*, Leiden, 2018.
McLaughlin, R., *The Roman Empire and the Silk Routes: The Ancient World Economy and the Empires of Parthia, Central Asia and Han China*, South Yorkshire, 2016.
Sidebotham, S. E., *Berenike and the Ancient Maritime Spice Route*, Berkeley and Los Angeles, 2011.

はしがき

ウォード＝パーキンズ、B.『ローマ帝国の崩壊―文明が終わるということ』南雲泰輔訳、白水社、二〇一四年。

ロストフツェフ、M.『ローマ帝国社会経済史』（上、下）、坂口明訳、東洋経済新報社、二〇〇一年。

序章

赤松明彦『楼蘭王国―ロプ・ノール湖畔の四千年』中公新書、二〇〇五年。

ヘルマン、A.『楼蘭―流砂に埋もれた王都』松田寿男訳、平凡社、一九六三年。

宮崎市定『中国史』（上、下）、岩波文庫、二〇一五年。

第一章

アピーキウス『古代ローマの料理書』ミュラ＝ヨコタ・宣子訳、三省堂、一九八七年。

アリストテレース『動物誌』（上、下）、島崎三郎訳、岩波文庫、一九九八〜一九九九年。

白鳥庫吉『白鳥庫吉全集』第七巻、岩波書店、一九七一年。

藤井慈子『ガラスのなかの古代ローマ―三、四世紀工芸品の図像を読み解く』春風社、二〇〇九年。

長沢和俊『張騫とシルク‐ロード』清水新書、一九八四年。

山田憲太郎『香談―東と西』法政大学出版局、一九七七年。

由水常雄『ガラスの道』中公文庫、一九八八年。

De Romanis, F., *The Indo-Roman Pepper Trade and the Muziris Papyrus*, Oxford, 2020.

Evers, K. G., *Worlds Apart Trading Together: The Organisation of Long-Distance Trade between Rome and India in Antiquity*, Oxford, 2017.

Tomber, R., *Indo-Roman Trade: From Pots to Pepper*, London, 2012.

第二章

プリニウス『プリニウス書簡集—ローマ帝国一貴紳の生活と信条』國原吉之助訳、講談社学術文庫、一九九九年。
ロストフツェフ、M.『隊商都市』青柳正規訳、ちくま学芸文庫、二〇一八年。
Duncan-Jones, R., *The Economy of the Roman Empire: Quantitative Studies*, Cambridge, 1974.
Id., *Money and Government in the Roman Empire*, Cambridge, 1994.
Hildebrandt, B., Silk Production and Trade in the Roman Empire, B. Hildebrandt (ed.), *Silk: Trade and Exchange along the Silk Roads between Rome and China in Antiquity*, Oxford, 2017.
Scheidel, W., State Revenue and Expenditure in the Han and Roman Empires, W. Scheidel (ed.), *State Power in Ancient China and Rome*, Oxford, 2015.
Tchernia, A., The Dromedary of the Peticii and Trade with the East, F. De Romanis and A. Tchernia (ed.), *Crossings: Early Mediterranean Contacts with India*, New Delhi, 1997.
Wilson, A., Red Sea Trade and the State, F. De Romanis and M. Maiuro (ed.), *Across the Ocean: Nine Essays on Indo-Mediterranean Trade*, Leiden, 2015.
Yon, J. -B., *Les notables de Palmyre*, Beyrouth, 2002.
Raschke, M. G., New Studies in Roman Commerce with the East, *Aufstieg und Niedergang der römischen Welt*, II, 9, 2, 1978.

第三章

蔀勇造『物語　アラビアの歴史―知られざる三〇〇〇年の興亡』中公新書、二〇一八年。
髙橋亮介「エジプト東部砂漠のローマ軍と『蛮族』」『軍事史学』五四―一、二〇一八年。
シェルドン、R．M．『ローマとパルティア―二大帝国の激突三百年史』三津間康幸訳、白水社、二〇一三年。
ユルスナール、M．『ハドリアヌス帝の回想』多田智満子訳、白水社、一九九三年。
Cobb, M. A., Black Pepper Consumption in the Roman Empire, *Journal of the Economic and Social History of the Orient*, 61, 4, 2018.
Nappo, D., Roman Policy on the Red Sea in the Second Century CE, F. De Romanis and M. Maiuro (ed.), *Across the Ocean: Nine Essays on Indo-Mediterranean Trade*, Leiden, 2015.
Young, G. K., *Rome's Eastern Trade: International Commerce and Imperial Policy, 31 BC–AD 305*, London and New York, 2001.

第四章

青木健『ペルシア帝国』講談社現代新書、二〇二〇年。

井上文則「宮崎市定のローマ帝国―『天を相手にする―評伝宮崎市定』補遺」『西洋古代史研究』一八、二〇一八年。

小谷仲男「安息雀（ダチョウ）の原産地―『後漢書』西域伝、条支国補注」『富山大学人文学部紀要』三一、一九九九年。

同『大月氏—中央アジアに謎の民族を尋ねて』東方書店、一九九九年。

坂口明「ローマ時代の商業と商人のネットワーク」歴史学研究会編『ネットワークのなかの地中海』、青木書店、一九九九年。

佐藤武敏『中国古代絹織物史研究』(上、下)、風間書房、一九七七〜一九七八年。

蔀勇造「アドゥーリス紀功碑文の新解釈」『東西海上交流史研究』三、一九九四年。

司馬遷『史記列伝』(五)、小川環樹・今鷹真・福島吉彦訳、岩波文庫、一九七五年。

スタン、R.A.「紀元二世紀の政治=宗教的道教運動について」川勝義雄訳、吉岡義豊、M・スワミエ編著『道教研究』第二冊、昭森社、一九六七年。

陳寿、裴松之注『正史　三国志』(二)、今鷹真・井波律子訳、ちくま学芸文庫、一九九三年。

陳寿、裴松之注『正史　三国志』(四)、今鷹真・小南一郎訳、ちくま学芸文庫、一九九三年。

ドゥ・ラ・ヴェシエール、É.『ソグド商人の歴史』影山悦子訳、岩波書店、二〇一九年。

土井健司「『キュプリアヌスの疫病』考—古代キリスト教におけるフィランスロピア論のための予備的考察」『神学研究』六二、二〇一五年。

プトレマイオス『プトレマイオス地理学』織田武雄監修、中務哲郎訳、東海大学出版会、一九八六年。

ペトロニウス『サテュリコン—古代ローマの諷刺小説』国原吉之助訳、岩波文庫、一九九一年。

マクニール、W.H.『疫病と世界史』(上、下)、佐々木昭夫訳、中公文庫、二〇〇七年。

南川高志「ローマ皇帝の死に対する感情と生き方」南川高志・井上文則編著『生き方と感情の歴史学—古代ギリシア・ローマ世界の深層を求めて』山川出版社、二〇二一年。

山崎利男「カニシュカ1世の年代をめぐる新研究紹介」『中央大学アジア史研究』二三、一九九九年。

Duncan-Jones, R. P., The Impact of the Antonine Plague, *Journal of Roman Archaeology*, 9, 1996.
Harper, K., *The Fate of Rome: Climate, Disease, and the End of an Empire*, Princeton and Oxford, 2017.
Whitehouse, D. and Williamson, A., Sasanian Maritime Trade, *Iran*, 11, 1973.

第五章

市川雅俊「ローマ帝国と軍隊」弓削達・伊藤貞夫編『ギリシアとローマ―古典古代の比較史的考察』河出書房新社、一九八八年。
浦野聡「後期ローマ帝国における負担 munera 免除特権をめぐって」『史苑』五六―一二、一九九六年。
南雲泰輔『ローマ帝国の東西分裂』岩波書店、二〇一六年。
弓削達『ローマ帝国の国家と社会』岩波書店、一九六四年。
Bransbourg, G., The Later Roman Empire, A. Monson and W. Scheidel (ed.), *Fiscal Regimes and the Political Economy of Premodern States*, Cambridge, 2015.
Jones, A. H. M., *The Later Roman Empire, 284–602: A Social Economic and Administrative Survey*, Oxford, 1964.
Id., *The Decline of the Ancient World*, London and New York, 1966.
Id., *The Roman Economy: Studies in Ancient Economic and Administrative History*, P. A. Brunt (ed.), Oxford, 1974.

終章

秋田茂『イギリス帝国の歴史─アジアから考える』中公新書、二〇一二年。

岡本隆司『世界史とつなげて学ぶ中国全史』東洋経済新報社、二〇一九年。

佐藤彰一『カール大帝─ヨーロッパの父』山川出版社、二〇一三年。

ハンセン、V.『西暦一〇〇〇年　グローバリゼーションの誕生』赤根洋子訳、文藝春秋、二〇二一年。

ピレンヌ、H.『ヨーロッパ世界の誕生─マホメットとシャルルマーニュ』増田四郎監修、中村宏・佐々木克巳訳、講談社学術文庫、二〇二〇年。
B. Dignas and E. Winter, *Rome and Persia in Late Antiquity: Neighbours and Rivals*, Cambridge, 2007.
R. Hodges and D. Whitehouse, *Mohammed, Charlemagne and the Origins of Europe*, New York, 1983.

井上文則（いのうえ ふみのり）

1973年京都府生まれ。早稲田大学文学学術院教授。京都大学大学院文学研究科博士後期課程修了。京都大学博士（文学）。専攻は古代ローマ史。著書に『軍人皇帝時代の研究 ローマ帝国の変容』（岩波書店）、『軍人皇帝のローマ 変貌する元老院と帝国の衰亡』（講談社選書メチエ）、『天を相手にする 評伝 宮崎市定』（国書刊行会）がある。

文春新書

1326

シルクロードとローマ帝国《ていこく》の興亡《こうぼう》

2021年8月20日 第1刷発行

著者 井 上 文 則
発行者 大 松 芳 男
発行所 株式会社 文 藝 春 秋

〒102-8008 東京都千代田区紀尾井町3-23
電話（03）3265-1211（代表）

印刷所 理 想 社
付物印刷 大 日 本 印 刷
製本所 大 口 製 本

定価はカバーに表示してあります。
万一、落丁・乱丁の場合は小社製作部宛お送り下さい。
送料小社負担でお取替え致します。

ISBN978-4-16-661326-7

◆経済と企業

金融工学、こんなに面白い　野口悠紀雄
リープフロッグ　野口悠紀雄
臆病者のための株入門　橘　玲
臆病者のための億万長者入門　橘　玲
熱湯経営　樋口武男
先の先を読め　樋口武男
就活って何だ　森　健
資産フライト　山田　順
ビジネスパーソンのための契約の教科書　福井健策
ビジネスパーソンのための企業法務の教科書　西村あさひ法律事務所編
ブラック企業　今野晴貴
ブラック企業2　今野晴貴
税金　常識のウソ　神野直彦
売る力　鈴木敏文
日本型モノづくりの敗北　湯之上隆
詐欺の帝王　溝口　敦

さらば！　サラリーマン　溝口　敦
トヨタ生産方式の逆襲　鈴村尚久
グローバリズムが世界を滅ぼす　エマニュエル・トッド　ハジュン・チャン　柴山桂太・中野剛志・藤井 聡・堀 茂樹
税金を払わない巨大企業　富岡幸雄
消費税が国を滅ぼす　富岡幸雄
あなたの隣のモンスター社員　石川弘子
新自由主義の自滅　菊池英博
安売り王一代　安田隆夫
働く女子の運命　濱口桂一郎
人工知能と経済の未来　井上智洋
「公益」資本主義　原　丈人
お祈りメール来た、日本死ね　海老原嗣生
2040年全ビジネスモデル消滅　牧野知弘
生き返るマンション、死ぬマンション　荻原博子
最強の相続　荻原博子
ルポ　税金地獄　朝日新聞経済部
日本株式会社の顧問弁護士　児玉　博
自動車会社が消える日　井上久男

日産vs.ゴーン　井上久男
新貿易立国論　大泉啓一郎
世界史を変えた詐欺師たち　東谷　暁
日銀バブルが日本を蝕む　藤田知也
AIが変えるお金の未来　坂井隆之・宮川裕章＋毎日新聞フィンテック取材班
なぜ日本の会社は生産性が低いのか？　熊野英生
会社員が消える　大内伸哉
キャッシュレス国家　西村友作
農業新時代　川内イオ
総会屋とバブル　尾島正洋
吉本興業の約束　大﨑　洋　坪田信貴

文春新書のロングセラー

樹木希林

一切なりゆき
樹木希林のことば

二〇一八年、惜しくも世を去った名女優が語り尽くした生と死、家族、女と男……。ユーモアと洞察に満ちた希林流生き方のエッセンス

1194

中野信子

サイコパス

クールに犯罪を遂行し、しかも罪悪感はゼロ。そんな「あの人」の脳には隠された秘密があった。最新の脳科学が解き明かす禁断の事実

1094

橘　玲

女と男　なぜわかりあえないのか

単純な男性脳では、複雑すぎる女性脳は理解できない！　「週刊文春」の人気連載「臆病者のための楽しい人生１００年計画」を新書化

1265

ジャレド・ダイアモンド　ポール・クルーグマン　リンダ・グラットンほか

コロナ後の世界

新型コロナウイルスは、人類の未来をどう変えるのか？　世界が誇る知識人六名に緊急インタビュー。二〇二〇年代の羅針盤を提示する

1271

立花　隆

知の旅は終わらない
僕が３万冊を読み１００冊を書いて考えてきたこと

立花隆は巨大な山だ。政治、科学、歴史、音楽……、万夫不当の仕事の山と、その人生を初めて語った。氏を衝き動かしたものは何なのか

1247

文藝春秋刊

◆世界の国と歴史

ローマ人への20の質問　塩野七生

歴史とはなにか　岡田英弘

常識の世界地図　21世紀研究会編

食の世界地図　21世紀研究会編

新・民族の世界地図　21世紀研究会編

カラー新版 地名の世界地図　21世紀研究会編

フランス7つの謎　小田中直樹

一杯の紅茶の世界史　磯淵　猛

新約聖書Ⅰ　新共同訳 佐藤　優解説

新約聖書Ⅱ　新共同訳 佐藤　優解説

佐藤優の集中講義 民族問題　佐藤　優

池上彰の宗教がわかれば世界が見える　池上　彰

池上彰の「ニュース、そこからですか!?」　池上　彰

新・戦争論　池上　彰 佐藤　優

大世界史　池上　彰 佐藤　優

新・リーダー論　池上　彰 佐藤　優

第一次世界大戦はなぜ始まったのか　別宮暖朗

イスラーム国の衝撃　池内　恵

「ドイツ帝国」が世界を破滅させる　エマニュエル・トッド 堀　茂樹訳

シャルリとは誰か?　エマニュエル・トッド 堀　茂樹訳

問題は英国ではない、EUなのだ　エマニュエル・トッド 堀　茂樹訳

中国4・0　エドワード・ルトワック 奥山真司訳

戦争にチャンスを与えよ　エドワード・ルトワック 奥山真司訳

日本4・0　エドワード・ルトワック 奥山真司訳

21世紀 地政学入門　船橋洋一

地経学とは何か　船橋洋一

熱狂する「神の国」アメリカ　松本佐保

ドナルド・トランプ　佐藤伸行

大学入試問題で読み解く「超」世界史・日本史　片山杜秀

ベートーヴェンを聴けば世界史がわかる　片山杜秀

戦争を始めるのは誰か　渡辺惣樹

第二次世界大戦 アメリカの敗北　渡辺惣樹

米中激突　陳　破空 山田智美訳

知立国家 イスラエル　米山伸郎

1918年最強ドイツ軍はなぜ敗れたのか　飯倉　章

人に話したくなる世界史　玉木俊明

トランプ ロシアゲートの虚実　小川　聡 東　秀敏

世界史の新常識　文藝春秋編

ヘンリー王子とメーガン妃　亀甲博行

コロナ後の世界　ジャレド・ダイアモンド ポール・クルーグマン リンダ・グラットン マックス・テグマーク スティーブン・ピンカー スコット・ギャロウェイ 大野和基編

パンデミックの文明論　ヤマザキマリ 中野信子

盗まれたエジプト文明　篠田航一

歴史を活かす力　出口治明